Tout le plaisir est pour nous !

Ray COONEY et John CHAPMAN

Adaptation de Sébastien CASTRO

Éditions ART ET COMÉDIE
3, rue de Marivaux
75002 PARIS

LES AUTEURS

Ray Cooney écrit des pièces de théâtre de boulevard depuis le début des années 60. Il est considéré comme le roi du rire en Angleterre et ses comédies sont jouées dans 52 pays en 23 langues. Parmi ses plus gros succès : « Le vison voyageur », « C'est encore mieux l'après-midi », « Panique au Plazza », « Espèces menacées », « Impair et père », « Stationnement alterné », « Chat et souris », « Tout le plaisir est pour nous ! »…

John Chapman est un acteur, dramaturge et scénariste né à Londres le 27 mai 1927 et mort à Périgueux en France le 3 septembre 2001. Il a écrit seul ses premières pièces mais il a ensuite souvent collaboré avec d'autres auteurs. Ainsi, il a écrit avec Ray Cooney : « Not Now Darling » (« Le vison voyageur »), « There Goes the Bride » (« Voyez-vous ce que je vois ? ») et « Move Over, Mrs Markham » (« Tout le plaisir est pour nous ! »)…

Sébastien Castro est un comédien français, très présent sur les scènes parisiennes. En 2008, sa prestation dans « Le Comique » de Pierre Palmade lui valut de recevoir le prix Raimu de la Révélation ainsi qu'une nomination aux Molières. « Tout le plaisir est pour nous ! » est sa première adaptation d'une pièce étrangère mais il connaît bien le théâtre de Cooney et Chapman puisqu'il a joué 500 fois « Le vison voyageur »…

Tout le plaisir est pour nous !

a été créée le 28 avril 2009
au Théâtre Montreux-Riviera (direction Sylviane Vassy)

et jouée en tournée avec Les Grands Boulevards
(direction Jean-Claude Lande et Jean Martinez)

puis reprise à Paris au Théâtre Rive-Gauche
(direction Alain Mallet)

dans une mise en scène de Rodolphe Sand
assisté d'Emmanuelle Tachoires

Avec
par ordre d'entrée en scène

Marie-Catherine Lebreton .... Virginie Lemoine
puis Véronique Barrault, puis Armelle
épouse de Jean-Loup Lebreton, jeune femme sans profession,
classe et séduisante

Alexandre Enzo .... Sébastien Castro
puis Laurent Hugny
architecte d'intérieur branché

Elena* .... Pauline Klaus
femme de ménage des Lebreton, de l'Est,
parle un français approximatif avec accent

Cyrielle Courtois .... Lydie Muller
puis Gaëlle Lebert
épouse d'Arnaud Courtois et meilleure amie
de Marie-Catherine, toujours survoltée

Jean-Loup Lebreton .... Thierry Redler
    éditeur de livres pour enfants (fondateur de la Société
            Lebreton-Courtois), très sérieux

Arnaud Courtois .... Jean-Marie Rollin
        associé de Jean-Loup ; moins sérieux

Serge Vinard .... Steve Riccard
                informaticien coincé

Anne-Suzie Bouillon de Chazourne .... Laurence Badie
        auteure de livres pour enfants à succès

Lydie Boulet* .... Pauline Klaus
            stagiaire au 118 218, jeune et jolie

* Les rôles d'Elena et Lydie Boulet peuvent être joués par la même comédienne.

La pièce originale, « Move Over, Mrs Markham » a été créée à Londres
en 1969 et a fait l'objet d'une première adaptation française par Marcel
Mithois en 1972 sous le titre « Le Saut du lit ».

DÉCOR

Un appartement au dernier étage d'un immeuble parisien. Le décor est divisé en deux parties : un salon et une chambre, séparés par une porte à persiennes.

L'appartement a été décoré de manière excentrique mais avec du goût.

Côté chambre : une porte donnant dans la salle de bains, un lit, une coiffeuse avec un téléphone sans fil.

Côté salon : une porte donnant dans le bureau ; une porte donnant dans le bar ; une porte (toujours ouverte) donnant sur un couloir qui mène (en coulisse) à la porte d'entrée, à la cuisine et au petit salon. Une fenêtre, un petit bureau avec un téléphone sans fil, un canapé, une table basse.

L'action de déroule de nos jours, en temps réel.
Le rideau s'ouvre, plateau vide. On entend Marie-Catherine :

MARIE-CATHERINE *(off)* - Jean-Loup ? Tu es là ? *(Elle entre par le couloir avec des sacs de grandes marques. Elle ouvre la porte de la chambre et appelle.)* Chéri ! Je suis hyper-chargée ! Tu viens m'aider ? Chéri ?

Elle pose les sacs sur le lit et entre dans la salle de bains. Alexandre Enzo sort du bureau avec un tissu et un mètre autour du cou.

ALEXANDRE - Madame Lebreton ? C'est vous ?

Marie-Catherine, off, appelle de la salle de bains :

MARIE-CATHERINE *(off)* - C'est toi, Jean-Loup ?

ALEXANDRE - C'est Alexandre ! Vous êtes là, madame Lebreton ?

Alexandre entre dans le bar pendant que Marie-Catherine sort de la salle de bains et entre dans la chambre.

MARIE-CATHERINE - Jean-Loup ? Tu as une voix bizarre…

Alexandre sort du bar et entre dans le salon.

ALEXANDRE - Madame Lebreton, je vous entends mais je ne vous vois pas !

7

MARIE-CATHERINE - Je suis dans la chambre ! Mais… qui me parle ?

ALEXANDRE - Alexandre Enzo ! Je suis dans le salon !

Marie-Catherine entre dans le salon et découvre Alexandre.

MARIE-CATHERINE - Oh, Alexandre ! C'est vous ?

ALEXANDRE - Ben oui, c'est moi.

MARIE-CATHERINE - Je croyais que c'était mon mari.

ALEXANDRE - Comment je dois le prendre ?

MARIE-CATHERINE - Mais… vous êtes encore là, à dix-neuf heures quarante-cinq ?

ALEXANDRE *(vexé)* **-** Ça a l'air de vous faire plaisir.

MARIE-CATHERINE *(en faisant trop)* **-** Très ! Mais Jean-Loup et moi dînons dehors ce soir et je suis un peu en retard.

ALEXANDRE - Et moi, vous trouvez que je suis en avance ? Ça fait deux mois que j'aurais dû finir votre appartement.

MARIE-CATHERINE *(regardant le salon)* **-** C'est magnifique…

ALEXANDRE *(la coupant)* **-** Et votre mari ? Qu'est-ce qu'il en pense ?

MARIE-CATHERINE - Vous savez, Jean-Loup est débordé.

ALEXANDRE - Et moi ? Je fais quoi ? Je joue au flipper ?

MARIE-CATHERINE - Mais…

ALEXANDRE *(la coupant encore)* **-** Je ne sais pas ce qu'il a… Depuis quelques jours, j'ai la vague sensation que je l'agace !

Marie-Catherine prend son portable et compose un numéro.

MARIE-CATHERINE - Alors là, c'est faux ! *(Au téléphone.)* Chéri, tu es encore au bureau ? *(À Alexandre en bouchant le combiné avec sa main.)* Jean-Loup vous adore. *(Au téléphone.)* Tu montes ?… Tu n'oublies pas que nous dînons dehors…

ALEXANDRE *(chuchotant)* - Demandez-lui pour les rideaux.

MARIE-CATHERINE *(au téléphone)* - Ah… Heu… Alexandre te propose des rideaux…

ALEXANDRE - … gorge de pigeon.

MARIE-CATHERINE *(à Alexandre)* - Gorge de pigeon ?… *(Au téléphone, répétant.)* Gorge de pigeon…

ALEXANDRE - Et des coussins peau de vache.

MARIE-CATHERINE *(au téléphone, répétant)* - Peau de vache… *(On entend hurler dans le combiné ; elle raccroche.)* Il est très emballé… *(Elle appelle.)* Elena !

ALEXANDRE - Madame Lebreton, votre appartement commence à me gonfler.

MARIE-CATHERINE - Alexandre ! Je sais que vous n'êtes pas toujours sur la même longueur d'ondes avec Jean-Loup mais…

ALEXANDRE *(la coupant)* - Effectivement ! Votre mari est aussi ringard que les livres pour morveux qu'il publie.

MARIE-CATHERINE - Je vous trouve dur.

Elena entre, accent de l'Est.

ELENA - Oui, Madame Lebreton ?

MARIE-CATHERINE - Elena, mon mari et moi dînons dehors ce soir, vous avez terminé ?

ELENA - Presque. Et Madame va être contente. J'ai rien cassé.

MARIE-CATHERINE - Bravo, Elena.

ELENA - À part gros vase petit salon.

MARIE-CATHERINE - Parfait. Je vais me préparer…

Marie-Catherine entre dans la chambre.

ELENA - Je casse toujours vase quand j'ai envie gros câlin. *(Alexandre la prend dans ses bras et l'embrasse fougueusement.)* On peut squatter appartement ce soir si tu veux.

ALEXANDRE - Génial !

Sonnerie de la porte d'entrée (très particulière et interminable). Marie-Catherine entre dans le salon.

ELENA - Je vais ouvrir, Madame. *(Elle sort.)*

MARIE-CATHERINE - Finalement, je me demande si on ne devrait pas repenser la mélodie de la sonnette.

ALEXANDRE - Vous voulez rajouter un couplet ?

Cyrielle Courtois entre.

CYRIELLE - Marie-Cath, c'est la cata !

MARIE-CATHERINE - Qu'est-ce qu'il y a, Cyrielle ?

CYRIELLE - C'est la ca-ta, Cath !

ALEXANDRE - Bonsoir, madame Courtois.

CYRIELLE - Bonsoir Alexandre.

ALEXANDRE - Alors ? Qu'est-ce que vous en dites ?

CYRIELLE - De… ?

ALEXANDRE - Sincèrement, qu'est-ce que vous pensez de la mélodie de la sonnette ?

10

CYRIELLE - La mélodie de… ?

ALEXANDRE - La sonnette !

CYRIELLE *(complètement ailleurs)* - J'ai pas entendu.

ALEXANDRE - Jamais je n'ai été humilié de la sorte.

Alexandre sort, digne.

MARIE-CATHERINE - Il a son caractère mais je lui pardonne tout ! Il a un talent…

CYRIELLE - Arnaud et Jean-Loup sont encore au bureau ?

MARIE-CATHERINE - Oui, mais Jean-Loup va monter d'une minute à l'autre, on a un dîner mortel avec des éditeurs…

CYRIELLE - À tous les coups Arnaud va monter avec lui. Et s'il vient maintenant, c'est la cata !

MARIE-CATHERINE - Qu'est-ce qu'il se passe ?

CYRIELLE - Avant tout, crois-moi sur parole : tu ne seras pas impliquée le moins du monde.

MARIE-CATHERINE - Impliquée ? Dans quoi ?

CYRIELLE - Et surtout garde ton calme, Marie-Catherine, tu n'as aucune raison de paniquer.

MARIE-CATHERINE - Mais enfin je ne…

CYRIELLE *(la coupant)* - Voilà, c'est tout simple… Nous souhaitons t'emprunter ton appartement.

MARIE-CATHERINE - Quand ?

CYRIELLE - Ce soir.

MARIE-CATHERINE - Qui ?

Cyrielle - Nous…

Marie-Catherine - Arnaud et toi ?

Cyrielle - Non, Serge et moi.

Marie-Catherine - Ah ! Serge et toi ! *(Brusquement.)* Serge ?

Cyrielle *(coquine)* - Ben oui, Serge.

Marie-Catherine - Et Arnaud ?

Cyrielle - Arnaud ? Il passe sa vie à me tromper. Et à me mentir. Mal… Tellement mal… C'est toujours la même histoire : « Désolé, chérie, tu sais ce que c'est, encore un dîner barbant… »

Alexandre sort précipitamment du bureau.

Alexandre - Que personne ne bouge ! Quelqu'un est assis sur mes ciseaux crantés. *(Marie-Catherine et Cyrielle sursautent.)* Fausse alerte. Je les ai !

Marie-Catherine - Excusez-moi, Alexandre, pouvez-vous nous laisser ?

Alexandre - Ah ?

Cyrielle - Oui, Marie-Catherine doit me donner la recette de son gratin de macaronis.

Alexandre *(sceptique)* - Bien sûr. Appelez-moi quand ça devient chaud. *(Il retourne au bureau.)*

Marie-Catherine - Il a un talent…

Cyrielle - Ma chérie, figure-toi que nous étions partis pour passer cette nuit – la toute première – chez Serge.

Cyrielle sort une lettre de trois pages de son sac.

Marie-Catherine - Très bonne idée !

CYRIELLE - Laisse-moi finir, s'il te plaît. Voilà… Serge… Serge a une mère.

MARIE-CATHERINE - Vraiment ? Le pauvre.

CYRIELLE - Il avait prévu de s'en débarrasser…

MARIE-CATHERINE - Et alors ?

CYRIELLE - Le plan a échoué. Le pauvre Serge est au bord du gouffre. Darling, il faut absolument que tu nous sortes de là. Tiens, lis. *(Elle tend la page 1 à Marie-Catherine.)*

MARIE-CATHERINE *(lisant le début)* - « Ma déesse… »

CYRIELLE *(modeste)* - C'est moi.

MARIE-CATHERINE *(lisant)* - « Je suis au bord du gouffre. »

CYRIELLE - Tu vois ! Je te l'avais dis !

MARIE-CATHERINE *(lisant)* - « Mère est au lit avec 39,8. » Ah oui, quand même ! Il doit y avoir une épidémie de grippe en ce moment…

CYRIELLE - Continue, je t'en supplie !

MARIE-CATHERINE - « Je ne pourrai jamais oublier le jour où vous succombâtes à mes avances lorsque nous buvions un chocolat chaud sur la terrasse du "Café Beaubourg". Cela fut pour moi, ô combien, une sur… » *(Cyrielle lui tend la deuxième page.)* « … prise dans tous les sens… Alors, je vous en conjure, tentez d'organiser un rendez-vous… Car malgré tout le respect que j'ai pour votre mari, je brûle de vous prendre à nouveau… » *(Cyrielle lui tend la troisième page. Marie-Catherine laisse tomber sans s'en rendre compte la deuxième page sur le canapé.)* « … dans mes bras. Serge. »

CYRIELLE - Nous serons là de vingt heures trente à vingt-trois heures trente.

13

MARIE-CATHERINE *(faible)* - Écoute, il faut que je me prépare.

Marie-Catherine va dans la chambre, suivie de Cyrielle.

CYRIELLE - Alors, c'est oui?

Elle suit Marie-Catherine dans la salle de bains pendant que Jean-Loup et Arnaud entrent.

JEAN-LOUP - Non!

ARNAUD - Écoute, Jean-Loup…

JEAN-LOUP - Le chapitre est clos. *(Découvrant la déco du salon.)* Je ne peux plus sacquer ce décorateur!

ARNAUD - Mais j'ai déjà tout prévu…

JEAN-LOUP - Eh ben, t'as eu tort. Je ne sais pas si tu t'en rends compte mais ta vie privée empiète totalement sur ta vie professionnelle.

ARNAUD - Tu n'as pas l'impression d'exagérer un peu?

JEAN-LOUP - À ce train-là, on va mettre la clé sous la porte. La société n'a pas publié de best-seller depuis des années.

ARNAUD - Effectivement. Qui a laissé filer les Pokémons?

JEAN-LOUP - C'est petit, Arnaud.

ARNAUD - Mais je te demande juste un peu de coopération.

JEAN-LOUP - Tu me fatigues.

ARNAUD - Tout ce que tu as à faire c'est aller dîner. C'est moi qui me tuerai à la tâche. Comme d'habitude…

JEAN-LOUP - La façon dont tu trompes ta femme est consternante…

ARNAUD - Mais pas du tout. Tu sais que c'est dans son intérêt que je fais ça.

JEAN-LOUP - Ben voyons.

ARNAUD - Mais absolument ! C'est excellent pour ma forme et mon moral… Du coup Cyrielle est la première à en profiter.

JEAN-LOUP - Tu veux dire qu'elle est au courant ?

ARNAUD - Non, évidemment. En revanche, elle est totalement admirative de mon dévouement à la société. *(Jean-Loup le regarde.)* Eh oui… Je passe tellement de soirées avec des auteurs…

JEAN-LOUP - Et qui est-ce ce soir ?

ARNAUD *(regardant dans un petit calepin)* - Ce soir… Un vieil instituteur de Jouy-en-Josas, qui a écrit un conte passionnant ayant pour héros un crapaud dépressif.

JEAN-LOUP - Et je suppose que l'instituteur est blonde aux yeux bleus.

ARNAUD - Aucune idée.

JEAN-LOUP - Comment ça ?

ARNAUD - Jamais vue ! Mais je lui ai parlé ce matin au téléphone. Lydie Boulet est stagiaire au 118 218.

JEAN-LOUP - Tu veux dire que t'as dragué cette fille au téléphone ?

ARNAUD - Dragué ? Non, je lui ai donné rendez-vous ici à vingt heures trente !

Alexandre entre du bureau.

ALEXANDRE - Madame Lebreton, pourriez-vous… *(Brusquement, voyant Jean-Loup.)* Ah, Dieu soit loué, vous êtes de retour !

JEAN-LOUP - Oh non, pitié.

ALEXANDRE - Vous êtes toujours aussi aimable, c'est un bonheur ! Monsieur Lebreton, j'ai expliqué à votre épouse que les coussins peau de vache…

JEAN-LOUP *(le coupant)* - Oui, oui, c'est très bien…

ALEXANDRE - Mais c'est votre bureau enfin, impliquez-vous un minimum.

JEAN-LOUP - Je vous l'ai déjà dit, mais vous n'en faites qu'à votre tête. Je voulais que notre nouvel appartement soit dans les mêmes tons que l'ancien : havane et acajou. On voit le résultat !

ALEXANDRE *(méprisant)* - Havane et acajou. Et pourquoi pas maronnasse ?

JEAN-LOUP - Écoutez, si ma femme a absolument tenu à engager un décorateur, je…

ALEXANDRE *(le coupant)* - Architecte d'intérieur.

JEAN-LOUP - Quelle différence ?

ARNAUD - La facture !

ALEXANDRE *(sans expression, à Arnaud)* - C'est hilarant. Monsieur Lebreton, je ne quitterai pas cette pièce tant que vous ne m'aurez pas accordé trois minutes dans votre bureau.

ARNAUD - Écoute, Jean-Loup… Allons-y, c'est plus simple.

Il pousse Jean-Loup vers le bureau.

ALEXANDRE - Merci monsieur Courtois, vous êtes très…

ARNAUD *(lassé)* - … courtois…

ALEXANDRE *(le reprenant)* - Aimable ! Et vous avez des yeux magnifiques.

16

ARNAUD - Pardon ?

ALEXANDRE - Après vous.

Ils entrent dans le bureau. Cyrielle et Marie-Catherine sortent de la salle de bains et se dirigent vers le salon.

MARIE-CATHERINE - Que ce soit bien clair : c'est la première et la dernière fois.

CYRIELLE - Je ne te demanderai plus rien. Tu as du champagne ?

MARIE-CATHERINE - Non, désolée…

CYRIELLE - On ne peut vraiment rien te demander !

Cyrielle se dirige vers le couloir pendant qu'Elena entre, avec un vase cassé et recollé approximativement.

ELENA - Bonsoir, Madame Courtois.

CYRIELLE - Bonsoir Elena. Vous n'auriez pas de champagne ?

ELENA - Non.

CYRIELLE - Évidemment…

Cyrielle sort.

MARIE-CATHERINE - Elena, vous avez fini ?

ELENA - Oui, j'ai terminé de recoller vase cassé.

MARIE-CATHERINE - Parfait, vous pouvez rentrer chez vous, alors…

ELENA - Madame veut que je pars ?

MARIE-CATHERINE - C'est ça ! *(Angoissée.)* Vous n'aviez pas l'intention de faire des heures supplémentaires ?

ELENA *(en éclatant de rire)* - Oh non madame ! Je prends plaisir incommensurable à faire tâches ménagères mais le soir je préfère bonne défonce avec amis.

MARIE-CATHERINE - Bonne défonce, Elena ! À lundi !

Elle la pousse dehors pendant que Jean-Loup entre du bureau.

JEAN-LOUP - Ça ne me plaît pas du tout. *(Il voit Marie-Catherine.)* Bonsoir, chérie.

MARIE-CATHERINE - Bonsoir, mon cœur. *(Elle l'embrasse.)* Un problème ?

JEAN-LOUP - Je ne supporte plus ce décorateur. Ni lui, ni ses goûts immondes.

MARIE-CATHERINE - Mon Poussin, tu es à fleur de peau...

JEAN-LOUP - C'est vrai. On ne pourrait pas annuler ce dîner ?

MARIE-CATHERINE - Oh oui ! *(Soudainement.)* Oh non ! On ne peut pas, n'est-ce pas ?

JEAN-LOUP - Pourquoi pas ? *(Soudainement.)* Bien sûr que non ! Il faut qu'on soit partis pour huit heures et demie.

MARIE-CATHERINE *(allant vers la salle de bains)* - Au plus tard.

JEAN-LOUP - C'est sûr.

MARIE-CATHERINE - Je vais vite me préparer.

Elle va dans la salle de bains. Jean-Loup s'installe sur le canapé, il met machinalement sa main derrière un coussin et en ressort la page 2 de la lettre de Cyrielle. Il la scrute.

JEAN-LOUP *(lisant simplement)* - « ... prise dans tous les sens. »

Arnaud sort du bureau.

ARNAUD - Je ne vois pas ce qui te choque, c'est sympa ce qu'il a fait.

JEAN-LOUP *(lisant à voix haute)* - « … Car malgré tout le respect que j'ai pour votre mari… »

ARNAUD - Comment ?

JEAN-LOUP - J'ai trouvé ça par terre.

Il va se servir un verre dans le bar.

ARNAUD *(la prend et lit)* - Page deux. Où sont la une et la trois ?

JEAN-LOUP - Je ne sais pas.

ARNAUD - « … prise dans tous les sens… Alors, je vous en conjure, tentez d'organiser un rendez-vous… Car malgré tout le respect que j'ai pour votre mari, je brûle de vous prendre à nouveau… »

Arnaud regarde Jean-Loup d'un air compatissant.

JEAN-LOUP - Mais à qui cette lettre peut-elle être adressée ?

ARNAUD - C'est évident. Marie-Catherine.

JEAN-LOUP - Marie-Catherine ?

ARNAUD - Je vois pas qui d'autre. Mais t'en fais pas, c'est juste une petite partie de jambes en l'air !

JEAN-LOUP *(sous le choc)* - Comment peux-tu ?…

Alexandre entre.

ALEXANDRE - Pour en revenir à la couleur des rid…

JEAN-LOUP - Sortez !

ALEXANDRE *(vexé)* - O.K… *(Il sort.)*

ARNAUD - Calme-toi, enfin…

JEAN-LOUP - Comment oses-tu soupçonner Marie-Catherine ?

ARNAUD *(regardant sa montre impatient)* - Je ne sais pas, moi… *(Pour en finir.)* Tu n'as rien remarqué ?

JEAN-LOUP - C'est-à-dire ?

ARNAUD - Je sais pas… Une femme qui va voir ailleurs a toujours un comportement un peu particulier.

JEAN-LOUP *(réfléchissant)* - Un comportement particulier ? Non, je ne crois pas.

Marie-Catherine entre de la salle de bains, traverse la chambre et arrive dans le salon.

MARIE-CATHERINE - Chéri… *(Elle aperçoit Arnaud, nerveuse.)* Arnaud !

ARNAUD - Oui ?

MARIE-CATHERINE *(de plus en plus nerveuse)* - Tu es là depuis quand ?

ARNAUD - Cinq minutes.

MARIE-CATHERINE - J'espère que tu n'as pas croisé Cyrielle ?

ARNAUD - Cyrielle est venue ici ?

MARIE-CATHERINE - Non. C'est pour ça : j'espère que tu ne l'as pas croisée…

ARNAUD - Ça va, toi ?

MARIE-CATHERINE - Oui, et toi ?

ARNAUD - Oui. Je prendrais bien un verre.

MARIE-CATHERINE - Tiens, prends le sien.

Elle prend le verre des mains de Jean-Loup et le donne à Arnaud.

ARNAUD - Qu'est-ce que c'est ?

JEAN-LOUP *(glacial)* - Whisky-Coca.

ARNAUD - Je n'aime pas le whisky.

MARIE-CATHERINE - Eh bien... bois le Coca !

Rire forcé. Jean-Loup la regarde, puis Arnaud, puis elle à nouveau.

JEAN-LOUP *(platement)* - Qu'est-ce qui te fait rire ?

MARIE-CATHERINE *(gaie)* - Rien. Tu as fini ton Coca ? Arnaud, tu rentres chez toi ; Jean-Loup, tu enfiles ta parka ; et moi, je vais mettre mon Wonderbra. Allez, on y va !... *(Elle retourne dans la salle de bains.)*

JEAN-LOUP *(sous le choc)* - Elle a un comportement particulier.

Jean-Loup va dans la chambre et pose la lettre sur le lit.

ARNAUD - Qu'est-ce que tu fais ?

JEAN-LOUP - On verra bien si la lettre lui est adressée.

Pendant ce temps, il est revenu dans le salon et a fermé la porte. Il regarde par le trou de la serrure. Alexandre entre du bureau. Il s'arrête net en les voyant se disputer devant la serrure.

ARNAUD - Laisse-moi regarder !

JEAN-LOUP - Attends une seconde !

ARNAUD - Ça m'intéresse aussi, pousse-toi !

JEAN-LOUP - Moi d'abord !

ARNAUD - Pourquoi ?

JEAN-LOUP - Parce que c'est ma femme !

ARNAUD - Je suis ton meilleur ami, non ?

JEAN-LOUP - Et alors ?!

Alexandre, atterré, retourne dans le bureau. Marie-Catherine entre dans la chambre et se dirige vers la porte du salon. Au moment où Jean-Loup et Arnaud se rapprochent de la serrure, elle ouvre la porte.

MARIE-CATHERINE *(entrant dans le salon)* **-** Chéri, je ne retrouve pas... *(Les deux hommes s'agenouillent et feignent de chercher quelque chose à terre.)* Vous avez perdu quelque chose ?

JEAN-LOUP - Heu... ma carte...

Arnaud et Jean-Loup, ensemble :

ARNAUD - ... bleue.

JEAN-LOUP - ... grise.

ARNAUD - Sa carte...

Arnaud et Jean-Loup, ensemble :

ARNAUD - ... grise.

JEAN-LOUP - ... bleue.

MARIE-CATHERINE - Ah... *(Elle commence à chercher.)* Elle est de quelle couleur exactement, cette carte ?

JEAN-LOUP - Laisse tomber, j'ai dû la laisser au bureau. Et toi, qu'est-ce que tu cherchais ?

MARIE-CATHERINE - Le gel douche. Oh, le voilà !

22

Elle récupère le gel douche dans l'un de ses sacs et retourne dans la salle de bains. Jean-Loup ferme la porte de la chambre et ils se remettent à genoux devant la serrure.

JEAN-LOUP - Je n'arrive pas à comprendre comment Marie-Catherine peut aller voir ailleurs… Après quinze ans…

ARNAUD - Justement !

JEAN-LOUP - Mais nous n'avons jamais eu de problème à ce sujet.

ARNAUD - À quel sujet ?

JEAN-LOUP *(gêné)* - Arnaud, voyons… Le coït !

ARNAUD - Ça se passe bien, tu es sûr ?

JEAN-LOUP - Mais oui…

ARNAUD - Combien de fois par jour ?

JEAN-LOUP *(embarrassé)* - Par jour ?

ARNAUD - Par semaine ?

JEAN-LOUP - Par semaine ?

ARNAUD - Par mois ?

JEAN-LOUP - Écoute, je ne tiens pas une comptabilité.

ARNAUD - Ah… Par trimestre… *(Le téléphone sonne.)* Téléphone. *(Jean-Loup va au téléphone, pendant que Marie-Catherine entre dans la chambre, enveloppée dans une serviette.)* Vite, la revoilà.

Jean-Loup revient vers la porte. Marie-Catherine décroche :

MARIE-CATHERINE *(au téléphone)* - Allô !

MLLE BOUILLON *(off, au téléphone)* - Allô ! Monsieur Lebreton ?

MARIE-CATHERINE *(au téléphone)* - Non, c'est son épouse. Vous êtes ?

MLLE BOUILLON *(off, au téléphone)* - Mademoiselle Bouillon.

MARIE-CATHERINE *(au téléphone)* - Mon mari a dû sortir une minute, mais je vais lui demander de vous rappeler. *(Elle se penche pour ramasser la lettre posée sur le lit. Sans la regarder, elle la retourne, prend un stylo et écrit. Réaction de Jean-Loup et Arnaud. Au téléphone, écrivant.)* Votre numéro de téléphone ?

MLLE BOUILLON *(off, au téléphone)* - Mon téléphone portable a été dévoré par l'un de mes chiens, la semaine dernière…

MARIE-CATHERINE *(au téléphone, la coupant)* - Et où peut-il vous joindre ?

MLLE BOUILLON *(off, au téléphone)* - Je suis juste en bas de chez vous, au « Bar des Artistes ». Si M. Lebreton pouvait me rappeler au plus vite…

MARIE-CATHERINE *(au téléphone)* - C'est entendu, je lui dirai. Au revoir, mademoiselle… *(Lisant le papier.)*… Bouillon.

MLLE BOUILLON *(off, au téléphone)* - Au revoir, madame, vous êtes bien aimable.

Marie-Catherine raccroche. Avec la lettre dans la main, elle se dirige vers la porte du salon. Jean-Loup et Arnaud se ruent vers le canapé et s'assoient aussi nonchalamment que possible.

MARIE-CATHERINE - Jean-Loup ?… *(En entrant dans le salon, elle s'arrête en voyant Arnaud, nerveusement.)* Arnaud ? Tu es encore là ?

ARNAUD - Oui.

MARIE-CATHERINE *(riant nerveusement)* - C'est merveilleux !... Jean-Loup, tu dois rappeler Mlle Bouillon... Mais... vous n'avez pas entendu le téléphone ?

ARNAUD et JEAN-LOUP *(ensemble)* - Non.

MARIE-CATHERINE *(haussant les épaules)* - Tu dois rappeler Mlle Bouillon au « Bar des Artistes ». *(Retournant vers la chambre suivie de Jean-Loup.)* Et si le téléphone sonne à nouveau, soyez gentils : décrochez.

S'apercevant qu'elle a écrit au dos de la lettre, elle la chiffonne, la jette par la fenêtre et retourne dans la salle de bains.

JEAN-LOUP *(en panique)* - Ah !

ARNAUD - Quoi ?

JEAN-LOUP - Ma seule preuve, jetée par la fenêtre ! *(Il court vers la fenêtre et se penche à travers.)* Elle est là, elle est là ! Au milieu de la rue ! Taxi ! Taxi ! Suivez cette lettre... *(Se retournant vers Arnaud.)* Je descends la chercher.

Jean-Loup se dirige vers le couloir, suivi d'Arnaud, pendant que Cyrielle entre, une bouteille de champagne à la main.

ARNAUD *(machinalement)* - Bonsoir, chérie.

CYRIELLE *(machinalement)* - Bonsoir.

Arnaud et Cyrielle se retrouvent face à face, stupéfaits. Arnaud, sous le choc, se jette sur elle et l'embrasse. Malaise général.

ARNAUD - C'est ma femme.

JEAN-LOUP *(simplement)* - Je la connais.

ARNAUD - Ma femme... Ma petite femme... Mais qu'est-ce que tu fais là, toi ?

CYRIELLE - Moi ?

ARNAUD - Oui.

CYRIELLE - Et toi, qu'est-ce que tu fais là ?

ARNAUD - Moi ?

CYRIELLE - Oui.

ARNAUD *(à Jean-Loup)* - Et toi, qu'est-ce que tu fais là ?

JEAN-LOUP - Moi ?

ARNAUD et CYRIELLE *(ensemble)* - Oui.

JEAN-LOUP - Ben, je suis chez moi !

ARNAUD - C'est juste.

JEAN-LOUP *(bas, à Arnaud)* - Je vais chercher la lettre.

Jean-Loup disparaît pendant que Marie-Catherine sort de la salle de bains et se dirige vers le salon.

MARIE-CATHERINE - Jean-Loup, tu te prépares ? *(Voyant Cyrielle.)* Cyrielle ! *(Sourire forcé.)* Mais qu'est-ce que tu fais là ?

ARNAUD *(innocemment)* - Eh bien oui, qu'est-ce que tu fais là, toi ?

CYRIELLE - Moi ???

ARNAUD et MARIE-CATHERINE *(ensemble)* - Oui !

CYRIELLE - Je passais voir Marie-Cath.

ARNAUD - Et le champagne c'est pour qui ?

CYRIELLE - Le champagne ? *(Tendant la bouteille à Marie-Catherine.)* Joyeux anniversaire, darling !

MARIE-CATHERINE *(terriblement gênée)* - Merci, ma chérie.

ARNAUD *(surpris)* - C'est ton anniversaire ?

MARIE-CATHERINE *(bredouillant)* - Oui, deux trois fois par an.

CYRIELLE - Tu restes encore longtemps, Arnaud ?

ARNAUD - Non, non, juste le temps de régler une bricole avec Jean-Loup. Je peux me servir un verre, Cathie ?

MARIE-CATHERINE - Je t'en prie, Arnaud.

ARNAUD - Je te sers quelque chose, ma chérie ?

CYRIELLE - Non merci, mon chéri. *(Elle le pousse dans le bar et ferme la porte.)*

MARIE-CATHERINE - Je croyais que tu ne devais pas être là avant vingt heures trente !

CYRIELLE *(lui tendant la bouteille)* - Le champagne… au frais ! Je cours à la maison enfiler quelque chose de plus… *(Le portable de Cyrielle sonne. Excitée.)* C'est Serge ! Je le prends à côté. *(Elle répond et va dans la chambre.)* Serge ?

> *Arnaud sort du bar. Pendant le dialogue qui va suivre, Cyrielle s'allonge sur le lit, dos au public. Nous n'entendons pas sa conversation.*

ARNAUD - Ce ne sera pas trop long, Cyrielle, je… Eh bien, où est-elle ?

MARIE-CATHERINE - Comment ?

ARNAUD - Où est Cyrielle ?

MARIE-CATHERINE - Ah… Heu… au téléphone.

ARNAUD - Avec qui ?

MARIE-CATHERINE - Personne. Enfin si… Avec son… son… *(En panique, essayant d'improviser.)* Enfin avec ton… ton…

ARNAUD - Avec Tonton ?

MARIE-CATHERINE - Voilà ! Elle est avec ton Tonton.

ARNAUD - Tonton Maurice ?

MARIE-CATHERINE - C'est ça ! Tonton Maurice !

ARNAUD *(touché)* - Oh, c'est gentil de l'appeler. C'est vrai qu'il ne va pas fort. Je vais lui dire un mot… *(Il se dirige vers la chambre, suivi de Marie-Catherine anxieuse et découvre, sans être vu, Cyrielle en train de faire des bisous au téléphone. Arnaud sourit à l'attitude « chaleureuse » qu'elle a envers « Tonton Maurice ». Après un temps, ému.)* Embrasse-le pour moi.

CYRIELLE *(déconcertée)* - Pardon ?

ARNAUD - Dis-lui de tenir le coup.

CYRIELLE *(totalement larguée)* - Hein ???

ARNAUD - Je suis sûr qu'il ne va pas tarder à redresser la barre.

CYRIELLE - La… ? Quoi ?…

MARIE-CATHERINE - Tonton Maurice !

CYRIELLE *(comprenant)* - Ah oui ! *(Au téléphone.)* Non, non, Tonton Maurice, c'est Arnaud… Arnaud !! Ton neveu… mon mari… Si, tu as bien entendu : mon mari ! Et il t'embrasse !

ARNAUD *(allant vers elle)* - Laisse-moi lui dire un mot.

CYRIELLE - Bye-bye, Tonton. *(Elle raccroche brutalement et se précipite vers le salon.)* Salut, Marie-Cath, on se verra peut-être ce week-end. *(Puis, bas.)* Ne ferme pas la porte à clé. *(Fort, à Arnaud.)* À ce soir, chéri.

ARNAUD - Ma chérie, j'ai oublié de te dire : je sors, ce soir.

CYRIELLE - Oh, ça par exemple !

ARNAUD - Comme tu dis ! Tu sais ce que c'est…

ARNAUD et CYRIELLE *(ensemble)* - Encore un dîner barbant.

ARNAUD - Exactement. Enfin, ne m'attends pas.

CYRIELLE - De toute façon il est possible que je rentre tard également. Je sors, moi aussi.

ARNAUD *(surpris)* - Tiens ?

CYRIELLE - Oui, je serai prise, jusqu'à environ vingt-trois…

MARIE-CATHERINE *(la reprenant)* - Vingt-deux heures trente.

CYRIELLE *(rectifiant)* - Vingt-deux heures trente.

ARNAUD - Ah ?

CYRIELLE - Oui. C'est… *(Cherchant.)* C'est Marie-Catherine… Elle m'a convaincue de participer à… une association caritative.

ARNAUD - Vraiment, Cathie ? Formidable. *(Marie-Catherine, très embarrassée, se contente d'un sourire figé.)* Et… quelle association ?

CYRIELLE - C'est la… C'est la… C'est… C'est l'A.C.C.C. !

ARNAUD - L'A.C.C.C. ?

MARIE-CATHERINE - Tu connais pas ? C'est l'Association… des Cyclistes… Catholiques…

CYRIELLE - … Claustrophobes.

MARIE-CATHERINE - C'est l'Association des Cyclistes Catholiques Claustrophobes.

CYRIELLE - Bonne soirée ! Bye-bye !

> *Cyrielle sort rapidement suivie d'Arnaud pendant qu'Alexandre entre avec deux coussins motif peau de vache.*

ALEXANDRE - À propos des coussins... *(Marie-Catherine se retourne vers Alexandre.)* Ils sont pour le bureau de M. Lebreton.

MARIE-CATHERINE - Ils sont peut-être un peu voyants ! Et puis, Alexandre, il faut que je vous avoue quelque chose... Jean-Loup n'est pas de bonne humeur, ce soir.

ALEXANDRE *(ironique)* - C'est pas vrai ?

MARIE-CATHERINE - Il a eu une journée épuisante. Et vous aussi ! Vous lui parlerez de tout ça lundi. Bon week-end !

ALEXANDRE - Ah, madame Lebreton, j'ai oublié de vous dire...

MARIE-CATHERINE - Oui ?

ALEXANDRE - Je travaillerai tard ce soir.

MARIE-CATHERINE *(inquiète)* - Où ?

ALEXANDRE - Ici !

MARIE-CATHERINE - Non !

ALEXANDRE - Ah si !

MARIE-CATHERINE *(ferme)* - Ah non !

ALEXANDRE - Comment ?

MARIE-CATHERINE - Vous ne pouvez pas... Enfin, je veux dire, vous ne devez pas.

ALEXANDRE - Mais si, j'ai deux ou trois petites choses à fignolasser.

MARIE-CATHERINE - Mais ce soir ici... il n'y aura personne !

ALEXANDRE - Eh ben, tant mieux ! Je ne serai pas dérangé.

MARIE-CATHERINE *(catégorique)* - Vous le serez... Enfin vous pourriez l'être. Je veux dire que vous pourriez déranger d'autres personnes.

ALEXANDRE - Quelles autres personnes ?

MARIE-CATHERINE - Quelles autres personnes ? La voisine du dessous.

ALEXANDRE - Mme Masi ?

MARIE-CATHERINE - Exactement ! Cette pauvre Mme Masi, à son âge, a le droit de passer tranquillement une soirée chez elle, sans vous entendre bricoler jusqu'à pas d'heure.

ALEXANDRE - Mais elle est sourde. *(Variante : « Mais elle est morte. »)*

MARIE-CATHERINE *(après un temps)* - C'est vrai. *(À court d'arguments.)* Alexandre, je ne devrais peut-être pas vous le dire mais… je me fais beaucoup de soucis pour vous. *(Dramatique.)* Vous vous êtes regardé ? Vous avez le teint verdâtre. *(Elle l'assoit.)*

ALEXANDRE - Mais je me sens très bien.

MARIE-CATHERINE *(autoritaire)* - C'est faux ! Je ne veux pas que vous travailliez ce soir… Ce soir, vous allez vous détendre… avec nous… au dîner des éditeurs. Et vous êtes notre invité. D'ailleurs, pour être tout à fait franche, c'est l'idée de mon mari.

ALEXANDRE *(suspicieux)* - Ah bon ?

MARIE-CATHERINE - Mais oui ! Il a beaucoup insisté pour que vous soyez des nôtres… Je vous l'ai déjà dit mais vous refusez de l'admettre : Jean-Loup vous adore. D'ailleurs si je n'étais pas certaine de son hétérosexualité, je pourrais presque être jalouse !…

Jean-Loup et Arnaud entrent.

JEAN-LOUP - Putain de lettre !

ARNAUD - Enfin, ce qu'il en reste !

31

Il sort un bout de lettre déchiré et huileux de sa poche.

ALEXANDRE *(avenant)* - Ah, monsieur Lebreton !

JEAN-LOUP *(très sec)* - Qu'est-ce que vous voulez, vous ?

Regard noir d'Alexandre à Marie-Catherine.

MARIE-CATHERINE - Chéri, il est vingt heures quinze

ARNAUD - Eh oui !

JEAN-LOUP - Et alors ?

MARIE-CATHERINE - Dans un quart d'heure, il sera vingt heures trente.

ARNAUD - Absolument !

JEAN-LOUP - Et alors ??

MARIE-CATHERINE - Et alors… Nous devons vite nous préparer… Au fait, Jean-Loup, Alexandre dîne avec nous ce soir.

JEAN-LOUP - C'est une blague ?

ALEXANDRE - Merci mais je resterai travailler ici ce soir.

MARIE-CATHERINE et ARNAUD *(ensemble)* - Ah non !

JEAN-LOUP - De toute façon, je vais annuler ce dîner. On passera la soirée à la maison.

MARIE-CATHERINE - À la maison ?!

ARNAUD, MARIE-CATHERINE et ALEXANDRE *(ensemble)* - Certainement pas !

JEAN-LOUP *(à Alexandre)* - De quoi vous vous mêlez, vous ?

ALEXANDRE - De rien.

JEAN-LOUP *(à Marie-Catherine)* - Nous resterons ici ce soir. Des commentaires ?

Marie-Catherine décroche le téléphone.

MARIE-CATHERINE - Oui : je crois que je vais appeler Cyrielle.

JEAN-LOUP - Qu'est-ce que Cyrielle a à voir là-dedans ?

MARIE-CATHERINE - Rien. C'est justement ce que je vais lui dire. *(Elle voit Arnaud.)* Dans la chambre.

> *Elle raccroche violemment et fonce dans la chambre. Pendant le dialogue suivant, elle compose le numéro.*

ARNAUD *(chuchotant)* - Enfin Jean-Loup ! Et ma stagiaire ?

JEAN-LOUP - Je m'en fous.

ARNAUD - Lydie Boulet doit être en chemin.

JEAN-LOUP - M'en fous.

ARNAUD *(son téléphone portable à la main)* - J'ai presque plus de batterie.

JEAN-LOUP - M'en fous aussi.

ARNAUD - Je peux utiliser votre téléphone ?

> *Sans attendre la réponse, il se dirige vers la chambre tandis qu'on entend la fin de la conversation de Marie-Catherine. Elle marche avec le téléphone vers la porte du salon.*

MARIE-CATHERINE *(au téléphone)* - Cyrielle, rappelle-moi dès que tu as ce message, c'est urgent et absolument... *(Elle voit Arnaud qui ouvre la porte de la chambre.)*... sans importance. *(Elle raccroche.)*

ARNAUD *(montrant le téléphone)* - Je peux ?

MARIE-CATHERINE - Non. *(Elle rit puis pour faire diversion, fort, à l'attention d'Alexandre.)* Est-ce que vous vous êtes mis d'accord au sujet des coussins ?

ALEXANDRE - Non, mais vous avez raison, je vais chercher mon nuancier dans ma voiture.

MARIE-CATHERINE - Vous ferez ça lundi, Alexandre! Tout compte fait, Jean-Loup n'est pas très disposé à...

ALEXANDRE - Je préfère le faire maintenant... *(Grand sourire à Jean-Loup.)* Malgré tout le respect que j'ai pour votre mari!

Il sort. Jean-Loup croit reconnaître la phrase écrite dans la lettre « érotique ».

MARIE-CATHERINE - Je vais finir de m'habiller.

Elle va dans la salle de bains en prenant le téléphone.

JEAN-LOUP - Tu as entendu ça? « Malgré tout le respect que j'ai pour votre mari »...

ARNAUD - Hum?

JEAN-LOUP - C'est mot pour mot ce que vient de dire Alexandre.

ARNAUD - Ah? Eh ben?

JEAN-LOUP *(prenant les restes de la lettre)* - Et c'est aussi mot pour mot le texte de la lettre.

ARNAUD *(sans comprendre)* - Ah oui. *(Ils restent tous les deux fixés sur le morceau de lettre huileux.)* Il y a peu de chances que les mots y soient encore.

JEAN-LOUP - Ça explique pourquoi cet enfoiré squatte chez nous depuis trois mois...

ARNAUD - Mais quel rapport?

JEAN-LOUP - Mais enfin, Arnaud, c'est évident!

ARNAUD - Tu n'imagines pas que Marie-Catherine et...

JEAN-LOUP - Mais bien sûr que si! C'est pour ça qu'elle l'a invité à ce dîner... Elle l'a dans la peau! C'est sûr! Catherine... Ma Catherine... Que j'ai connue vierge... Enfin presque... Ma Catherine avec ce décorateur... C'est dégueulasse...

ARNAUD - Mais c'est pas lui. Il en est.

JEAN-LOUP - De quoi?

ARNAUD - Eh bien... de... tu sais.

JEAN-LOUP - Quoi?

ARNAUD - Du bâtiment.

JEAN-LOUP - Il est dans la décoration, ça n'a rien à voir.

ARNAUD - Il est gay, si tu préfères.

Alexandre entre les mains chargées de catalogues et échantillons. Jean-Loup et Arnaud le scrutent.

ALEXANDRE *(après un temps, se sentant observé, gêné)* - Ça va?

JEAN-LOUP *(froid)* - Ça va. Et vous?

ALEXANDRE - Ça va... Un peu crevé, mais ça va...

JEAN-LOUP - Trop d'exercices physiques ces derniers temps?

ALEXANDRE *(sans comprendre)* - Sûrement.

Il étale tout sur le bureau.

ARNAUD - Bon, je descends appeler Lydie au bureau. *(Il sort.)*

ALEXANDRE - Avant toute chose, quelle couleur dominante souhaitez-vous pour votre bureau?

JEAN-LOUP - Rose.

ALEXANDRE *(un peu décontenancé)* - Rose?...

JEAN-LOUP - Rose.

ALEXANDRE - Mais pourquoi pas… Justement, je viens de recevoir tout un choix de nuances de rose… Vous avez une chance de cocu !

> *Réaction de Jean-Loup. Alexandre étale les échantillons, tandis que Marie-Catherine entre dans la chambre en peignoir, au téléphone.*

MARIE-CATHERINE - … Je suis désolée, Cyrielle, pas ce soir, bye-bye. *(Elle raccroche puis, tout sourire, elle ouvre la porte du salon et entre rapidement.)* Tout va bien ?

ALEXANDRE - Très bien, merci.

MARIE-CATHERINE *(simplement)* - Puisque nous restons tous ici ce soir, je vais voir s'il reste des pizzas dans le congélo.

> *Elle tapote la joue d'Alexandre innocemment et sort dans le couloir. Jean-Loup la fixe et la suit des yeux.*

ALEXANDRE - Tout est une question d'éclairage. Si vous utilisez la pièce principalement de jour…

> *Pendant qu'il parle, Jean-Loup vérifie que Marie-Catherine est bien partie.*

JEAN-LOUP - Alexandre, êtes-vous du bâtiment ?

> *Alexandre se fige puis décide qu'il a mal entendu la question.*

ALEXANDRE - Si… *(Il respire à fond.)* Si vous utilisez la pièce principalement de jour, je vous suggère plutôt un rose soutenu. En revanche… *(Il s'arrête et décide qu'après tout, il a peut-être mal entendu.)* Je vous demande pardon ?

JEAN-LOUP - Êtes-vous gay ?

Un temps.

ALEXANDRE - En revanche… *(Il respire à fond.)*… si vous utilisez plutôt la pièce de nuit…

JEAN-LOUP *(le coupant)* - Quand je dis gay, je ne veux pas dire « gai », je veux dire « gay ».

ALEXANDRE - Peut-être pourrions-nous rester concentrés…

JEAN-LOUP *(le coupant)* - Écoutez, Alexandre, je ne crois pas que vous en soyez mais Arnaud est sûr du contraire. Alors je vous repose la question et je peux vous dire que votre réponse est pour moi de la plus haute importance.

ALEXANDRE - Je vous serais très reconnaissant si…

JEAN-LOUP *(le coupant)* - Je sais parfaitement que vous savez pourquoi je vous demande ça !

ALEXANDRE - Absolument pas !

Jean-Loup s'approche d'Alexandre qui s'éloigne, apeuré.

JEAN-LOUP - Et si Arnaud ne m'avait pas dit de prendre la chose avec douceur, je vous aurais déjà mis la main sur…

ALEXANDRE *(le coupant)* - Choisissez le rose qui vous fait plaisir.

JEAN-LOUP - Écoutez, Alexandre. J'aimerais croire Arnaud.

ALEXANDRE - Pourquoi ?

JEAN-LOUP - Ça me ferait tellement plaisir si vous étiez… ne serait-ce qu'un tantinet pédé.

ALEXANDRE - Eh bien, puisque vous voulez tout savoir, j'aime les deux !

JEAN-LOUP - Les deux ?

37

ALEXANDRE - Les hommes et les femmes. Je suis bi. En revanche, ne le prenez pas mal, mais vous n'êtes pas du tout mon type.

JEAN-LOUP *(s'assoit, désespéré)* - Oh mon Dieu, non !

ALEXANDRE - Je suis désolé… *(Jean-Loup se prend la tête dans les mains. Alexandre se penche pour ramasser un catalogue pendant qu'Elena entre du couloir derrière lui, lui met une main aux fesses sans avoir été vue et ressort. Alexandre se relève pensant que c'était la main de Jean-Loup.)* Monsieur Lebreton, vous allez trop loin !

JEAN-LOUP *(se rapprochant de lui)* - Ça dure depuis combien de temps vous deux ?

ALEXANDRE - Nous deux ?

JEAN-LOUP - Arrêtez de me prendre pour un débile ! Je sais avec qui vous couchez depuis trois mois.

ALEXANDRE - Ah… Deux mois et demi !

JEAN-LOUP - Pardon ?

ALEXANDRE - Oui, je m'en souviens très bien, on a fait ça pour la première fois le 1er avril ! Mais… comment vous avez fait pour nous griller ? On est tellement discrets !

JEAN-LOUP - C'est monstrueux !

ALEXANDRE - Monstrueux ? Ça va, faut pas exagérer ! Dans la mesure où cette relation n'a jamais porté préjudice à mon travail, je ne vois vraiment pas où est le problème.

JEAN-LOUP - Est-ce qu'au moins l'un de vous deux a pensé à moi ?

ALEXANDRE - Eh bien, voyez-vous… Ça serait malhonnête de vous faire croire ça.

JEAN-LOUP - Je suppose que l'idée que je l'aime ne vous a même pas effleuré.

ALEXANDRE - Ah, pas du tout !

Arnaud entre.

ARNAUD - Boulet est sur messagerie.

JEAN-LOUP - Arnaud, il est coupable et fier de l'être.

ARNAUD - Oh, la tuile. J'aurais juré qu'il était pédé.

ALEXANDRE - Eh bien, je suis bi.

Marie-Catherine entre.

MARIE-CATHERINE - Mes chéris, pas de panique, il y en aura pour tout le monde !

JEAN-LOUP - Pardon ?

MARIE-CATHERINE - Il reste une « trois fromages » et deux « quatre saisons », ça devrait aller.

ALEXANDRE *(se dirigeant vers la chambre)* - Vous n'avez plus besoin de moi ?

JEAN-LOUP - Vous allez où, bordel ?

ALEXANDRE *(en allant dans la salle de bains)* - Me rafraîchir.

JEAN-LOUP - Magnez-vous !

MARIE-CATHERINE - Qu'est-ce qui te prend, Jean-Loup ?

JEAN-LOUP *(se tournant vers elle)* - Te fous pas de moi. Je sais tout.

MARIE-CATHERINE *(sans comprendre)* - Comment ça ?

JEAN-LOUP - Toi et ce… décorateur bisexuel…

MARIE-CATHERINE - Qu'est-ce que tu veux dire ?

ARNAUD *(essayant d'être gentil)* - Ça ne sert à rien de nier, Cathie, il a trouvé la lettre.

MARIE-CATHERINE - Quelle lettre ?

JEAN-LOUP *(sortant le bout de papier)* - Ce tissu pornographique.

MARIE-CATHERINE - Mais enfin, de quoi tu parles ?

JEAN-LOUP - « … Tentez d'organiser un rendez-vous… Car malgré tout le respect que j'ai pour votre mari, je brûle de vous prendre à nouveau… »

MARIE-CATHERINE *(comprenant et paniquée par la présence d'Arnaud)* - Où as-tu trouvé ça ?

JEAN-LOUP - Depuis combien de temps ça dure ?

MARIE-CATHERINE - Mais enfin, ce n'est pas mon… *(Elle voit Arnaud à côté d'elle.)*… mon… mon… Je t'expliquerai.

JEAN-LOUP - Ton amant s'en est déjà chargé.

MARIE-CATHERINE *(surprise)* - Mon amant ?

JEAN-LOUP - Alexandre Enzo.

ARNAUD - Il a avoué.

MARIE-CATHERINE - Tu plaisantes ?

JEAN-LOUP - Arnaud, tu peux m'héberger pour la nuit ?

MARIE-CATHERINE - Tu es ridicule. Arnaud, je dois parler en tête à tête avec Jean-Loup !

ARNAUD - Oui, je descends.

JEAN-LOUP *(l'arrêtant)* - Tu restes ici Arnaud !

MARIE-CATHERINE - Écoute, Jean-Loup, s'il te plaît…

JEAN-LOUP - Laisse-moi, salope ! *(Voyant Alexandre qui est sorti de la salle de bains et entré dans la chambre.)* Monsieur, je vous souhaite une bonne nuit avec ma femme !

ALEXANDRE - Je vous remercie ! *(Réalisant.)* Comment ?

JEAN-LOUP - Viens, Arnaud, moi aussi je vais me trouver une petite jeune pour la nuit.

Jean-Loup et Arnaud sortent.

MARIE-CATHERINE - Vous avez entendu ?

ALEXANDRE - Oui. Je crois que je vais continuer ce que j'ai commencé dans le bureau…

MARIE-CATHERINE - Non. *(Elle le prend par la main et l'emmène dans la chambre.)* Occupez-vous plutôt du lit !

ALEXANDRE - Du lit ?

MARIE-CATHERINE - Et de moi par la même occasion !

ALEXANDRE - Comment ça ?

MARIE-CATHERINE - Vous m'avez très bien comprise !

ALEXANDRE - Madame Lebreton, je trouve votre proposition très sympa, vraiment, mais…

MARIE-CATHERINE - Qu'est-ce qu'il y a ? Je ne vous plais pas, c'est ça ?

ALEXANDRE - Oh, si, bien sûr…

MARIE-CATHERINE - J'ai toujours rêvé de me donner à un artiste. Et vous avez un talent fou, Alexandre !

ALEXANDRE - Vous êtes gentille… Mais je ne sais rien de vous…

Marie-Catherine - Je suis verseau, ascendant balance. Et mon signe chinois, c'est le cochon. Déshabillez-vous !

Alexandre - Et votre mari ?

Marie-Catherine - Vous l'avez entendu ? Il est parti se taper une petite jeune. Et il m'a traitée de salope.

Alexandre - C'était dit sans méchanceté !

Marie-Catherine - Assez parlé de ce plouc ! *(Elle commence à le déshabiller.)* Enlève ta chemise !

Alexandre *(enlevant ses chaussures)* D'accord, d'accord... Mais vous ne risquez pas de le regretter ?

Marie-Catherine - Sûrement pas. Et vous ?

Alexandre - Moi ? Oh, non, non, pas du tout.

Marie-Catherine - Alors c'est parti, mon kiki !

Alexandre *(s'arrêtant net)* - Ah !

Marie-Catherine - Quoi encore ?

Alexandre - Elena !

Marie-Catherine - Elle est partie.

Alexandre - Mais elle va revenir.

Marie-Catherine - Ah bon ?

Alexandre - Enfin, je veux dire elle pourrait revenir.

Marie-Catherine - Pour quoi faire ?

Alexandre - Je ne sais pas... Mais je déteste être interrompu pendant que je... Je... Je vais laisser un petit mot sur la porte. *(Il se jette sur la coiffeuse et écrit une note.)*

Marie-Catherine - O.K. Je vais me mettre en tenue…

Alexandre - Très bien. *(Marie-Catherine va dans la salle de bains. Alexandre lit à voix haute le mot qu'il vient d'écrire en se dirigeant vers le couloir.)* « Trésor. Va directement dans le petit salon, je t'y rejoindrai aussi vite que possible. » *(Il sort tandis que le téléphone sonne. Il revient et décroche ; pendant la conversation qui suit, il enlève son pantalon pour se retrouver en caleçon peau de vache.)* Allô !

Mlle Bouillon *(off, au téléphone)* - Allô, monsieur Lebreton ?

Alexandre *(au téléphone)* - Non.

Mlle Bouillon *(off, au téléphone, lasse)* - C'est mademoiselle Bouillon.

Alexandre *(au téléphone)* - Ah…

Mlle Bouillon *(off, au téléphone)* - Je suis toujours au « Bar des Artistes ».

Alexandre *(au téléphone)* - Hum, hum…

Mlle Bouillon *(off, au téléphone)* - M. Lebreton n'est pas là ?

Alexandre *(au téléphone)* - Non.

Mlle Bouillon *(off, au téléphone, lasse)* - Alors je rappellerai… Au revoir, monsieur, vous êtes bien aimable.

> *Alexandre raccroche et retourne dans la chambre tandis que Marie-Catherine revient de la salle de bains en tenue sexy (par exemple en infirmière).*

Alexandre - Mon Dieu !

Marie-Catherine - Vous n'aimez pas ?

Alexandre *(sans conviction)* - Si ! Mais enfin… ça risque de jurer avec les draps…

43

MARIE-CATHERINE - Parce que Jean-Loup adore…

ALEXANDRE - Ça m'étonne pas…

MARIE-CATHERINE - Sinon, j'ai Davy Crockett…

ALEXANDRE - Avec la queue-queue ?… Non, non, on va garder ça… Je vais chercher un petit accessoire…

Alexandre va dans le bureau tandis que Marie-Catherine va dans la salle de bains.

SERGE *(off)* - Cyrielle ! Ma Cy-Cy…

Serge Vinard entre timidement. Il tient une mallette et le petit mot écrit par Alexandre.

SERGE *(appelant doucement)* - Cyrielle ? Ma Cy-Cy ? *(Il jette un œil au mot.)* « Trésor. Va directement dans le petit salon. » Mais où est le petit salon ?

Marie-Catherine entre dans la chambre. Serge regarde autour de lui puis sort dans le couloir pendant que Marie-Catherine traverse le salon pour aller dans le bar. Elena entre par le couloir avec un sac à main, regarde dans la pièce, ravie de voir le pantalon d'Alexandre sur le canapé. Elle regarde par la porte de la chambre ouverte et voit les chaussures et la veste. Elle ouvre son sac à main et en sort une chemise de nuit très courte, puis va dans la salle de bains, tandis que Marie-Catherine sort du bar avec un plateau sur lequel il y a deux coupes et le champagne. Elle va dans la chambre, ferme la porte, pose le plateau, se sert une coupe de champagne et s'allonge sur le lit. Durant la dernière partie de cette action, Serge entre à nouveau, se dirige vers la porte de la chambre puis frappe doucement.

MARIE-CATHERINE *(doucement)* - Entrez.

Serge entre dans la chambre, regarde Marie-Catherine pétrifié et sort aussitôt de la chambre tandis qu'Alexandre entre dans le salon avec une paire de menottes peau de vache. Tous les deux tombent nez à nez. Marie-Catherine se lève du lit et court vers le salon.

SERGE *(aux deux)* - Mille excuses, c'est une énorme boulette… Je vous prie sincèrement de bien vouloir m'excuser. Je croyais être au dernier étage.

MARIE-CATHERINE - Mais vous y êtes !

SERGE - Du 91 de la rue Popincourt.

ALEXANDRE - Oui, c'est ça.

SERGE - Oh, je… Je ne pensais pas que vous seriez là monsieur Lebreton.

ALEXANDRE - Je suis monsieur Enzo.

SERGE - Ah ?

ALEXANDRE - Alexandre Enzo.

SERGE *(surpris)* - Oh… Je croyais être chez les Lebreton.

MARIE-CATHERINE - Vous y êtes.

SERGE - Oh, je suis vraiment désolé, madame Enzo…

MARIE-CATHERINE - Je suis madame Lebreton.

SERGE - Oh. *(Comprenant.)* Ohhhh…

MARIE-CATHERINE - Vous ne seriez pas Serge ?

SERGE - Si, si. *(Il prend une carte de sa poche et la tend à Marie-Catherine.)* Serge Vinard. Je ne comprends pas… Pourtant, Mme Courtois m'a dit tout à l'heure au téléphone que nous pourrions… enfin je veux dire… euh… ici.

Marie-Catherine - Elle ne vous a pas rappelé pour vous dire que vous ne pourriez pas… enfin je veux dire… euh… ici ?

Serge - Ah ? *(Il regarde son portable.)* Ah oui ! Huit appels en absence !

La sonnette retentit. Panique. Marie-Catherine se dirige vers le couloir. Les deux hommes courent vers la chambre et ferment la porte. Ils se cachent dans le lit, sous la couverture. Elena sort de la salle de bains en chemise de nuit. Elle remarque le monticule sous la couverture et, amusée, la soulève. Elle est bouleversée en voyant Alexandre et Serge serrés l'un contre l'autre. Elle sort de la chambre en claquant la porte puis se dirige vers le couloir. Les deux hommes réagissent en entendant la porte claquer et se dévisagent en réalisant la situation. Serge va dans la salle de bains. Alexandre se cache de nouveau sous la couverture. Marie-Catherine et Cyrielle entrent. Cyrielle, qui s'est changée, porte une tenue sexy.

Cyrielle *(dramatique)* - Marie-Cath, c'est la cata ! Tu n'as pas vu Serge ?

Marie-Catherine - Il doit être quelque part par là… Récupère-le vite et barrez-vous !

Cyrielle - Tu plaisantes ! *(Elle va dans la chambre.)* Surprise !

Elle retire la couverture d'un coup sec et découvre Alexandre avec surprise.

Cyrielle - Ah !

Alexandre - Madame Courtois !

Cyrielle *(pleine de sous-entendus, à Marie-Catherine)* - Je dérange, peut-être ? Est-ce que quelqu'un pourrait me dire où est Serge ?

ALEXANDRE - Dans la salle de bains.

Marie-Catherine frappe à la porte de la salle de bains.

SERGE *(off)* - Qui est-ce ?

MARIE-CATHERINE - Room-service. Sortez.

Serge sort.

SERGE - Vous êtes sûre que je ne risque plus de… *(Voyant Cyrielle.)* Oh Cy-Cy, mon impératrice !

CYRIELLE - Espèce de petit fou.

SERGE - Tout est bien qui finit bien !

ALEXANDRE - Malheureusement, il y a une double réservation.

MARIE-CATHERINE - Descendez dans les bureaux du rez-de-chaussée, il y a un clic-clac très confortable…

CYRIELLE - Oh oui, les bureaux, très bonne idée ! *(Voyant la bouteille de champagne entamée.)* Dis donc, mon champagne !

SERGE - Ne vous inquiétez pas, ma loutre. J'ai tout ce qu'il faut dans ma mallette. Champagne, caviar, toasts, foie gras, saumon, blinis, escargots…

ALEXANDRE - Je vais vomir !

MARIE-CATHERINE - Amuse-toi bien, ma chérie.

CYRIELLE - Toi aussi, darling.

ALEXANDRE - Au revoir, madame Courtois.

CYRIELLE - Au revoir.

SERGE - Au revoir, monsieur Enzo. *(Il lui serre la main.)*

ALEXANDRE *(charmeur)* - J'ai été ravi, Serge. Vraiment.

SERGE - Une fois de plus, je vous prie de bien vouloir m'excuser pour mon intervention quelque peu intempestive. J'espère que vous allez pouvoir reprendre là où vous...

CYRIELLE *(rapidement)* - Oui, oui, j'en suis sûre.

Cyrielle pousse Serge dehors. Ils sortent.

ALEXANDRE *(après une pause)* - Bon, ben ça, c'est fait! On en était où?

MARIE-CATHERINE - Alexandre... Je suis désolée... Je crois que je suis un peu refroidie.

ALEXANDRE - Oh non!

MARIE-CATHERINE - C'est-à-dire que je ne vous sentais pas non plus très chaud!

ALEXANDRE - C'est vrai que j'étais moi-même à la base un peu frileux, et puis je me suis réchauffé gentiment.

MARIE-CATHERINE - Ben oui, mais bon...

ALEXANDRE *(un temps)* - Est-ce que vous êtes TRÈS refroidie?

MARIE-CATHERINE *(indécise)* - Disons que je suis tiédasse.

ALEXANDRE *(détaché)* - Quand je pense que votre mari est sorti se chercher une petite jeune pour la nuit... lui qui vous a traitée de salope...

MARIE-CATHERINE - Ça y est, je suis torride!

ALEXANDRE - Yes! *(Marie-Catherine s'assoit sur le lit et prend sa coupe de champagne. En même temps Alexandre verrouille la porte et se jette sur le lit à coté d'elle; du coup, elle renverse son champagne sur elle. Elle se lève et secoue son peignoir.)* Désolé.

Marie-Catherine - Il va falloir que je l'enlève. *(Elle va dans la salle de bains.)*

Alexandre - Il faut bien, au bout d'un moment. *(Il la suit.)*

Jean-Loup entre par le couloir. Il voit le pantalon d'Alexandre et le ramasse.

Jean-Loup - Le salaud ! *(Il le jette à terre puis va pour ouvrir la porte de la chambre et la trouve fermée à clé.)* L'enfoiré !

Il s'agenouille pour regarder par le trou de la serrure. À ce moment Elena entre, toujours en chemise de nuit. Elle se dirige en colère vers la porte de la chambre et s'arrête en voyant Jean-Loup.

Elena - Monsieur Lebreton !

Jean-Loup - Qu'est-ce que vous faites là à cette heure-ci, vous ?

Elena - Oh, je… euh… j'ai oublié de aspirer salon.

Jean-Loup - Dans cette tenue ?

Elena *(sans se démonter)* - Je suis dans tenue courte, c'est vrai, mais moi au moins je suis pas grosse cochonne !

Jean-Loup - Qu'est-ce que vous insinuez Elena ?

Elena - Vous avez très bien compris moi. C'est sympa, Monsieur Lebreton, ce qui se passe dans chambre ?

Jean-Loup *(digne)* - Ça ne vous regarde pas.

Elena *(montrant la serrure)* - Vous vous amusez bien en regardant spectacle porno dans trou ?

Jean-Loup - Je suis chez moi, je fais ce que je veux !

49

ELENA *(à bout)* - Chez Lebreton, vous êtes tous pervers, voyeurs et gros dégueulasses. *(Elle sort.)*

Jean-Loup se remet devant le trou de la serrure et voit Alexandre sortir de la salle de bains avec une robe de chambre qu'il accroche sur la poignée de la porte – bloquant ainsi la vue à Jean-Loup. Alexandre va sur le lit et décide de tester le sommier en sautant dessus. Jean-Loup écoute ce bruit avec angoisse. Alexandre entre dans la salle de bains. La sonnette de la porte retentit. Jean-Loup hésite un instant et sort dans le bureau.

MLLE BOUILLON *(appelant, off)* - Il y a quelqu'un ? Il y a quelqu'un ? Je peux entrer ? S'il vous plaît ? *(Elle apparaît avec une sacoche.)* Je suis entrée. *(Elle sort un manuscrit de sa sacoche, commence à jeter un œil dessus tandis qu'Elena entre, va vers la porte de la chambre et frappe fort. Elle saute.)* Ah !

Son manuscrit lui échappe des mains et les pages s'envolent. Elena se retourne, surprise.

ELENA - Je suis désolée, je ne savais pas qu'il y avait quelqu'un ici, Madame.

MLLE BOUILLON - Mademoiselle Bouillon. J'ai appelé deux fois pour avoir une entrevue avec M. Lebreton… C'est au sujet de mon Minou, vous comprenez… *(Elena ne répond pas, consternée.)* Vous êtes Française ? *(Elena explose en larmes et sort.)* Je n'ai jamais su m'y prendre avec les étrangers.

Pendant qu'elle ramasse les pages au sol, Marie-Catherine et Alexandre entrent dans la chambre. Mlle Bouillon, qui est dans le salon, ne les entend pas.

MARIE-CATHERINE - Je suis sûre que c'était la sonnette… Ça doit être Serge qui n'arrive pas à ouvrir le clic-clac !

ALEXANDRE - Je vais voir.

Marie-Catherine retourne dans la salle de bains. Alexandre traverse la pièce en caleçon tandis qu'Elena entre.

ELENA - Gros dégueulasse !

MLLE BOUILLON *(regardant en l'air)* - Je vous demande pardon ?

ALEXANDRE - Elena !

Elena sort en courant et Alexandre la suit. Mlle Bouillon regarde autour d'elle, ne voit personne et se remet à ramasser les pages. Jean-Loup entre du bureau et, sans la remarquer, ouvre la porte de la chambre.

JEAN-LOUP - Alors, pris en flag ?! *(Il s'arrête en voyant la chambre vide.)*

MLLE BOUILLON - Je vous demande pardon ? *(Ne voyant toujours personne, elle continue à ramasser les pages.)*

MARIE-CATHERINE *(off)* - Alexandre ?

En entendant Marie-Catherine, Jean-Loup se cache dans la chambre. Marie-Catherine sort de la salle de bains et va dans le salon. Jean-Loup en profite pour aller dans la salle de bains. Marie-Catherine va vers le couloir pour voir qui est à la porte. Pendant ce temps, Mlle Bouillon a rassemblé son manuscrit et, voyant Marie-Catherine, se relève. Marie-Catherine et Mlle Bouillon se retrouvent nez à nez.

MARIE-CATHERINE *(après un temps)* - D'où venez-vous ?

MLLE BOUILLON - De Livry-Gargan.

MARIE-CATHERINE - C'est vous la sonnette ?

MLLE BOUILLON *(sans comprendre)* - Hein ? Vous êtes madame Lebreton ?

MARIE-CATHERINE - Oui.

MLLE BOUILLON - Je suis mademoiselle Bouillon.

MARIE-CATHERINE - Ah, oui. Vous avez appelé.

MLLE BOUILLON - Oui. J'aimerais que M. Lebreton lise le livre que j'ai écrit.

MARIE-CATHERINE *(prenant le manuscrit)* - Il le lira. *(Elle raccompagne Mlle Bouillon dans le couloir.)* Vous avez un numéro de téléphone ?

MLLE BOUILLON - Eh bien, voyez-vous, mon téléphone portable a été dévoré par l'un de mes chiens la semaine dernière…

MARIE-CATHERINE *(la coupant)* - Eh bien dans ce cas-là, on vous écrira.

MLLE BOUILLON - Mais j'aimerais voir M. Lebreton.

MARIE-CATHERINE *(la pousse vers la sortie)* - En vous souhaitant un agréable retour à Livry-Gargan !

MLLE BOUILLON *(offusquée)* - Mais je…

MARIE-CATHERINE - Repassez donc à l'occasion !

MLLE BOUILLON - Non, je ne peux pas. Je dois rentrer ce soir à Livry retrouver mes adorables petits chiens. C'est pourquoi il faut impérativement que M. Lebreton me dise ce qu'il pense de mon livre.

MARIE-CATHERINE *(en la raccompagnant)* - Il vous le dira.

MLLE BOUILLON - Tout de même, je pensais qu'étant donné la popularité de la Collection Wouaf-Wouaf…

MARIE-CATHERINE - La Collection Wouaf-Wouaf ! Oui, évidemment, si vous étiez Anne-Suzie Bouillon de Chazourne !…

52

MLLE BOUILLON - Mais, c'est moi !

MARIE-CATHERINE *(regarde le manuscrit et lit le titre)* - « Les aventures de Wouaf-Wouaf et de son ami Minou ». Par Anne-Suzie Bouillon de Chazourne.

MLLE BOUILLON - Oui !

MARIE-CATHERINE - Mais vous avez forcément un éditeur.

MLLE BOUILLON - J'avais ! Jusqu'à cet après-midi. Mais nous avons eu un sérieux différend. Je viens de découvrir qu'ils ont publié un livre – pardonnez-moi chère madame – obscène… pervers… Je sais de quoi je parle, je l'ai lu trois fois. C'est pourquoi je cherche de toute urgence un nouvel éditeur.

MARIE-CATHERINE *(émue)* - Pour la Collection Wouaf-Wouaf?

MLLE BOUILLON - Oui.

MARIE-CATHERINE - Ma chère mademoiselle Bouillon de Chazourne, je vous en prie, asseyez-vous. *(Elle l'assoit avec empressement.)*

MLLE BOUILLON - Je suis venue vers vous parce que j'ai entendu dire que vous ne donniez jamais dans le sexe.

MARIE-CATHERINE - Jamais !

MLLE BOUILLON - Moi non plus ! *(Marie-Catherine va au téléphone et décroche.)* Qui appelez-vous ?

MARIE-CATHERINE - Je ne sais pas… Mais je vais trouver…

MLLE BOUILLON - Votre mari n'est pas là ? J'ai un R.E.R. à prendre.

> *Alexandre revient du couloir, toujours en caleçon. Il tombe nez à nez avec Mlle Bouillon.*

ALEXANDRE - Bonsoir.

MARIE-CATHERINE *(raccrochant)* - Bonsoir, chéri !

ALEXANDRE - Chéri ?

MLLE BOUILLON - Ah, vous devez être monsieur Lebreton.

ALEXANDRE - Eh bien c'est-à-dire que… *(Marie-Catherine lui fait signe que oui.)* Oui !

MARIE-CATHERINE - Chéri, c'est Mlle Bouillon.

ALEXANDRE *(largué)* - Ah ?

MARIE-CATHERINE - C'est Anne-Suzie Bouillon de Chazourne.

MLLE BOUILLON *(modeste)* - Oui, c'est moi.

MARIE-CATHERINE - Et Mlle Bouillon songe à te confier ses Wouaf-Wouaf et son Minou !

ALEXANDRE *(à Mlle Bouillon, de plus en plus surpris)* - Ah… Vous aussi ?

MLLE BOUILLON - Ça a l'air de vous surprendre.

ALEXANDRE *(après un temps)* - Un petit peu ! Mais au point où j'en suis…

MARIE-CATHERINE *(tendant le manuscrit à Alexandre)* - C'est pour toi, chéri !

ALEXANDRE - Merci, chérie. *(Il lit, amusé.)* « Les aventures de Wouaf-Wouaf et de son ami Minou »…

MLLE BOUILLON *(à Marie-Catherine)* - Apparemment, il est bouleversé.

MARIE-CATHERINE - Il va s'en remettre. *(À Alexandre.)* Va t'habiller, chéri !

MLLE BOUILLON - Monsieur Lebreton, vous aviez promis de me rappeler.

MARIE-CATHERINE - Pourquoi n'as-tu pas rappelé, chéri ?

ALEXANDRE - Mais... parce que j'allais au lit, chérie.

MLLE BOUILLON - Au lit ? Mais il est très tôt !

MARIE-CATHERINE *(à Alexandre, riant très fort pour faire diversion)* - Chéri ! *(À Mlle Bouillon.)* Je pense qu'il serait préférable, mademoiselle Bouillon, que vous alliez attendre gentiment dans le bureau tandis que mon mari s'habille.

MLLE BOUILLON - Mais je ne peux pas me permettre de laisser mes petits chiens trop longtemps, c'est pourquoi il faut que je règle cette histoire d'éditeur avant de rentrer à Livry. J'ai dix-huit cockers et un boxer. J'essaie d'être impartiale mais j'ai un faible pour le boxer... Une grosse boule baveuse. *(À Alexandre.)* Avez-vous déjà été embrassé par un boxer ?

ALEXANDRE - Franchement ? Non !

MLLE BOUILLON *(à Marie-Catherine)* - Évidemment quelqu'un s'en occupe pendant mon absence. *(Se tournant vers Alexandre.)* Je vous ai dit que j'avais un homme de maison ?

ALEXANDRE - Non.

MLLE BOUILLON - Un garçon charmant, ce Patrick ! Et d'une délicatesse. Jamais un geste déplacé à mon égard.

MARIE-CATHERINE - À la bonne heure.

MLLE BOUILLON - Malheureusement, de nos jours, c'est le sexe qui mène le monde. Voilà pourquoi tout va de travers...

MARIE-CATHERINE - Certainement.

MLLE BOUILLON - Et c'est pourquoi il faut que je sache si M. Lebreton est intéressé ou non par ma Collection Wouaf-Wouaf.

MARIE-CATHERINE - Donnez-lui quelques minutes pour s'habiller. Il n'aime pas parler de travail en caleçon.

MLLE BOUILLON - C'est évident, autant qu'il l'enlève ! *(Se rendant compte de son lapsus.)* Pas tout de suite… Quelle horreur !

MARIE-CATHERINE *(ouvrant la porte du bureau à Mlle Bouillon)* - Si vous voulez bien vous donner la peine, ça ne prendra qu'un moment…

Mlle Bouillon entre dans le bureau.

ALEXANDRE - D'où elle vient ?

MARIE-CATHERINE - De Livry-Gargan… Mais ça n'a aucune importance… Tous les livres de la Collection Wouaf-Wouaf sont des best-sellers depuis vingt ans !

Mlle Bouillon apparaît.

MLLE BOUILLON - Norbert !

MARIE-CATHERINE - Je vous demande pardon ?

MLLE BOUILLON - Norbert ! C'est mon homme de maison actuel. Patrick s'est occupé de moi il y a des années, mais malheureusement un de mes chiens l'a mordu et il fallu s'en débarrasser, naturellement. *(Elle sort dans le bureau.)*

MARIE-CATHERINE *(à Alexandre)* - Rhabillez-vous pendant que je cherche une solution…

ALEXANDRE - Oh, non… Et nous, alors ?

MARIE-CATHERINE - Entrez là-dedans ! On verra ça après ! *(Elle ouvre la porte de la chambre et le pousse à l'intérieur.)* Surtout ne parlez pas et laissez-moi faire. Avec Jean-Loup, depuis le temps, je commence à savoir m'y prendre ! *(Jean-Loup sort de la salle de bains. Marie-Catherine et Alexandre sursautent.)* Chéri, je viens de vivre quelque chose d'absolument insensé !

JEAN-LOUP - Mais je suis ravi pour toi !

MARIE-CATHERINE - Mais non, Jean-Loup… Il y a quelqu'un dans ton bureau…

JEAN-LOUP *(la coupant)* - Je suis totalement consterné par ce que j'ai vu ce soir.

MARIE-CATHERINE - Qu'est-ce que tu as vu ?

JEAN-LOUP - Rien ! Vous aviez accroché quelque chose sur la serrure ! Mais j'ai tout entendu.

MARIE-CATHERINE - Tu es ridicule !

JEAN-LOUP - Comment est-ce que tu peux coucher avec cette colleuse de papier ?

MARIE-CATHERINE - Jean-Loup ! Il y a une chose plus importante…

ALEXANDRE *(la coupant, à Jean-Loup)* - C'est moi la colleuse de papier ? Vous pouvez parler, vous ! *(À Marie-Catherine.)* Il est pédé comme un phoque.

MARIE-CATHERINE - Comment osez-vous, Alexandre ? Jean-Loup et moi sommes mariés depuis quinze ans… *(À Jean-Loup.)* Tu en es ?

JEAN-LOUP - Bien sûr que non.

MARIE-CATHERINE *(soulagée)* - J'en étais sûre !

JEAN-LOUP *(à Alexandre)* - Ne changez pas de sujet, vous. J'ai lu la lettre sordide que vous avez écrite à ma femme.

MARIE-CATHERINE - Jean-Loup, ça ne venait pas de lui... Et puis ça ne m'était pas adressé.

JEAN-LOUP *(se tournant vers lui)* - Alors qu'est-ce que vous foutez en caleçon ?

MARIE-CATHERINE - Il se prépare pour Mlle Bouillon qui est dans le bureau.

JEAN-LOUP - Mlle Bouillon l'attend nue, peut-être ?

MARIE-CATHERINE - Mais qu'est-ce que tu racontes ? C'est Anne-Suzie Bouillon de Chazourne.

JEAN-LOUP - Anne-Suzie Bouillon de Chazourne ???

MARIE-CATHERINE - Son éditeur s'est lancé dans le porno et elle veut que tu t'occupes de sa Collection Wouaf-Wouaf.

JEAN-LOUP *(abasourdi)* - Non ?!

MARIE-CATHERINE - En commençant par « Les aventures de Wouaf-Wouaf et de son ami Minou ».

JEAN-LOUP - La Collection Wouaf-Wouaf! Elle veut que je publie la... Ça va nous propulser au top ! *(Se tournant vers Alexandre avec excitation.)* Vous avez entendu ça ? Elle veut qu'on publie la Collection...

ALEXANDRE *(platement)* - ... Wouaf-Wouaf.

JEAN-LOUP - Chérie, tu es merveilleuse. *(À Alexandre.)* Je m'occuperai de vous plus tard. Pour l'instant, je vais rencontrer Mlle Bouillon.

MARIE-CATHERINE *(attrapant son bras)* - Tu ne peux pas.

JEAN-LOUP - Comment ?

MARIE-CATHERINE - Tu l'as déjà rencontrée.

58

JEAN-LOUP - Quoi ?

MARIE-CATHERINE - Elle pense qu'Alexandre… c'est toi !

JEAN-LOUP - Alexandre ?!

MARIE-CATHERINE - Oui. C'est Alexandre qui doit négocier le contrat avec Mlle Bouillon.

JEAN-LOUP - Je ne vais pas laisser négocier le contrat de ma vie par cette agrafeuse de tissu ! *(Il va dans le salon suivi de Marie-Catherine et d'Alexandre.)* Je vais aller chercher Arnaud…

Il sort tandis que Mlle Bouillon sort du bureau.

MLLE BOUILLON - J'aimerais revenir sur un point de détail… Ce n'est pas du chien dont il a fallu se débarrasser, c'est de l'homme de maison, naturellement… *(Voyant Alexandre.)* Vous êtes toujours en caleçon ?!

MARIE-CATHERINE - Je suis désolée, j'ai toujours un mal fou à le persuader de s'habiller.

MLLE BOUILLON - Il s'agit tout de même d'une affaire importante.

MARIE-CATHERINE - Si importante que mon mari a fait venir son associé, M. Courtois.

MLLE BOUILLON - Pourquoi ? M. Lebreton ne peut pas gérer ça tout seul ?

ALEXANDRE - Eh bien, vous savez ce que c'est…

MLLE BOUILLON - Non !

ALEXANDRE - Eh bien, je… *(Ne trouvant rien à dire, se retourne vers Marie-Catherine.)* Comment ?

MARIE-CATHERINE *(rapidement)* - C'est notre lune de miel.

MLLE BOUILLON *(ravie)* - Votre lune de miel?

ALEXANDRE - My God!

MLLE BOUILLON - Et le mariage a eu lieu quand?

MARIE-CATHERINE - Ce matin.

MLLE BOUILLON - Bravo! *(Se ruant vers Alexandre.)* Toutes mes félicitations!

ALEXANDRE - Merci.

MLLE BOUILLON - Vous ne me l'aviez pas dit, vilain cachottier!

ALEXANDRE - Mais vous ne me l'aviez pas demandé, vilaine curieuse!

MLLE BOUILLON - Oh, le canaillou! Pas étonnant que vous soyez en… *(Elle rit niaisement.)* Peut-être qu'il serait préférable que je voie M. Courtois.

MARIE-CATHERINE - Si vous pouviez patienter dans le bureau…

MLLE BOUILLON - Moi je ne suis pas mariée mais j'adore le mariage. Dès qu'on a besoin d'une demoiselle d'honneur, je me précipite!

ALEXANDRE - Moi aussi.

Le téléphone sonne. Marie-Catherine est déroutée pendant une seconde. Personne ne répond.

MLLE BOUILLON - Voulez-vous que je réponde?

MARIE-CATHERINE *(à Alexandre)* - C'est sûrement pour toi, chéri. Réponds pendant que j'accompagne Mlle Bouillon dans le bureau.

MLLE BOUILLON - J'espère que M. Courtois ne sera pas trop long. C'est à cause de GARY, vous comprenez…

MARIE-CATHERINE - C'est votre boxer ?

MLLE BOUILLON - Non, c'est mon R.E.R.

Elle emmène Mlle Bouillon dans le bureau pendant qu'Alexandre répond au téléphone.

ALEXANDRE *(au téléphone)* - Allô !

ARNAUD *(off, au téléphone)* - Jean-Loup ?

ALEXANDRE *(au téléphone)* - Non. Qui le demande ?

Elena entre du couloir. Elle s'est rhabillée.

ELENA - Alors, tu passes une bonne soirée ?

ALEXANDRE - Je suis à toi tout de suite, mon cœur !

ARNAUD *(off, au téléphone)* - Pardon ?

ELENA - Il n'y a plus de cœur, je t'ai vu au lit avec un homme.

ALEXANDRE - Oh, merde !

ARNAUD *(off, au téléphone)* - Pardon ?

ALEXANDRE *(au téléphone)* - Mais ce n'est pas à vous que je parle, monsieur ! *(À Elena.)* Mais, Elena, c'était pas sérieux.

ELENA - Pas sérieux ?

ALEXANDRE - C'est la première fois que je le voyais. Il passait juste par là et…

ELENA - Gros dégueulasse ! *(Elle sort.)*

ALEXANDRE - Elena !… *(Il reprend le téléphone et remet son pantalon pendant la conversation qui suit.)* Bon, qui êtes-vous, monsieur ?

ARNAUD *(off, au téléphone)* - Arnaud Courtois. Je ne suis pas chez les Lebreton ?

ALEXANDRE *(au téléphone)* - Arnaud ? Eh ben dites-le ! C'est Alexandre ! Qu'est-ce que vous faites ? On a besoin de vous, vous savez !

ARNAUD *(off, au téléphone)* - J'arrive dans cinq minutes, je suis au tabac…

ALEXANDRE *(au téléphone)* - C'est le moment…

ARNAUD *(off, au téléphone)* - Vous n'auriez pas vu Lydie Boulet, par hasard ?

ALEXANDRE *(au téléphone)* - Pas du tout. Enfin, je ne crois pas ! À quoi elle ressemble ?

ARNAUD *(off, au téléphone)* - Aucune idée.

ALEXANDRE *(au téléphone)* - Vous ne m'aidez pas beaucoup, vous savez !

ARNAUD *(off, au téléphone)* - Ça risque de couper, je n'ai presque plus de batterie, alors si vous croisez Lydie, surtout dites-lui bien que… *(La communication coupe.)*

Jean-Loup entre du couloir.

JEAN-LOUP - Arnaud est introuvable.

ALEXANDRE - Il est au tabac.

JEAN-LOUP - Qu'est-ce qu'il fout au tabac ?

ALEXANDRE - J'hésite mais je suis à deux doigts de penser qu'il achète des cigarettes.

JEAN-LOUP - C'est le moment…

ALEXANDRE - C'est exactement ce que je viens de lui dire !

JEAN-LOUP *(sortant son portable)* - Bon, je l'appelle.

ALEXANDRE - Il n'a plus de batterie.

JEAN-LOUP *(s'énervant)* - Mais comment vous savez tout ça, vous ?

ALEXANDRE - Eh ! oh ! Engueulez-moi aussi ! *(Il sort.)*

Marie-Catherine sort du bureau en fermant la porte.

MARIE-CATHERINE - Jean-Loup, Mlle Bouillon s'impatiente…

JEAN-LOUP - Je remets la main sur Arnaud et je m'occupe d'elle juste après.

MARIE-CATHERINE - Tu ne peux pas t'occuper d'elle, puisqu'elle pense qu'Alexandre c'est toi.

JEAN-LOUP *(la coupant)* - Oui, oui, j'ai compris, eh bien je me ferai passer pour Arnaud. Continue à faire diversion !

MARIE-CATHERINE - S'il te plaît, fais vite ! Elle me soûle !

MLLE BOUILLON *(off)* - Madame Lebreton !

MARIE-CATHERINE - Oui, voilà !

JEAN-LOUP - Bon, j'appelle Arnaud au tabac.

Marie-Catherine va dans le bureau en fermant la porte. Jean-Loup décroche le téléphone de la chambre tandis que Lydie Boulet entre.

LYDIE BOULET *(appelant doucement)* - Arnaud Courtois ? C'est moi ! C'est Lydie Boulet. (Elle regarde dans la pièce, manifestement impressionnée.) Arnaud ?

JEAN-LOUP *(au téléphone)* - Allô!

Lydie Boulet entre dans la chambre.

STANDARDISTE OFF et LYDIE BOULET *(ensemble)* - Bonjour, bienvenue au 118 218, quelle est votre demande?

JEAN-LOUP *(troublé par cet écho)* - Allô?

STANDARDISTE OFF et LYDIE BOULET *(ensemble)* - Oui, quelle est votre demande, monsieur?

JEAN-LOUP *(se retourne, la voit et la prend pour Mlle Bouillon)* - Oh! vous êtes là! *(Il raccroche.)* Je vous croyais en train de discuter dans le bureau avec ma… Heu… Je suis terriblement désolé, vous devez mourir d'impatience.

LYDIE BOULET *(un peu surprise)* - Faut peut-être pas exagérer.

JEAN-LOUP - Bon, je vais vous expliquer très brièvement les termes basiques de notre contrat.

LYDIE BOULET *(perdue)* - Arnaud Courtois?

JEAN-LOUP - Euh… eh bien… *(Il décide de se lancer.)* Bien sûr, qui d'autre? Arnaud Courtois des Éditions Lebreton-Courtois et vous n'imaginez pas à quel point je suis excité à l'idée de m'occuper de votre cas.

LYDIE BOULET *(très impressionnée)* - Eh ben! On peut dire que c'est du rapide!

JEAN-LOUP - Soyons efficaces! *(Troublé.)* Heu… pour être franc, je dois vous avouer que vous êtes bien plus jeune que je ne l'imaginais.

LYDIE BOULET - J'ai vingt-neuf ans.

JEAN-LOUP - Mais… vous avez dû commencer très jeune?

LYDIE BOULET - Ben non… Pas plus que ça… La première fois j'avais dix-sept ans.

JEAN-LOUP - Dix-sept ans! Je m'en souviens comme si c'était hier… « Les aventures de Wouaf-Wouaf et de son ami le ramoneur ».

LYDIE BOULET *(après un temps)* - Je vous demande pardon?

JEAN-LOUP - Veuillez pardonner ma nostalgie, chère mademoiselle. Voulez-vous que nous nous y mettions tout de suite?

LYDIE BOULET - Tout de suite? Comme ça? On pourrait peut-être boire un verre?

JEAN-LOUP - Mais bien sûr, où ai-je la tête?… *(Il sert deux coupes de champagne en utilisant les verres et la bouteille apportés plus tôt par Marie-Catherine.)* Tout d'abord une chose qui me semble capitale avant de démarrer : combien de temps souhaitez-vous être liée?

LYDIE BOULET - Liée? C'est-à-dire?

JEAN-LOUP - Habituellement, je ne me lance jamais dans une telle aventure pour moins de trois ans.

LYDIE BOULET *(paniquée)* - Trois ans?!!

JEAN-LOUP - Mais je peux vous laisser partir après six mois si vous n'êtes pas entièrement satisfaite.

LYDIE BOULET - Six mois! Quand même!…

JEAN-LOUP - À la vôtre!

LYDIE BOULET *(perdue)* - Tchin!

JEAN-LOUP - Quoi qu'il en soit, je peux vous promettre une chose : vous serez traitée avec le plus grand respect. S'il vous plaît, dites oui, ça me ferait tellement plaisir.

LYDIE BOULET - Oh, et puis merde. O.K. *(Elle lui tend sa coupe.)*

JEAN-LOUP - Parfait, parfait. Je suis tellement désolé que nous soyons si pris par le temps. *(Il pose les deux coupes sur la table. Alors qu'il se retourne, Lydie Boulet enlève sa robe.)* Mais je vous assure que vous aurez mon attention constante et dévouée. Il s'agit juste ce soir de dresser un simple...

Il se retourne et s'arrête net. Lydie Boulet laisse sa robe au sol, enlève ses chaussures et se met au lit. Jean-Loup est interloqué.

LYDIE BOULET - De dresser...?

JEAN-LOUP *(au bout d'un moment)* - Vous ne vous sentez pas bien?

LYDIE BOULET - Si, si.

Lydie Boulet, cachée par le drap, se dandine pour enlever son soutien-gorge et sa culotte. Jean-Loup la regarde, impassible.

JEAN-LOUP - Fatiguée, peut-être.

LYDIE BOULET - Écoute, si tu as très peu de temps, tu ferais mieux de te déshabiller et de grimper. *(Elle tapote le lit.)*

JEAN-LOUP - Est-ce que l'on pourrait s'il vous plaît rester concentrés sur votre Wouaf-Wouaf... et sur votre Minou. Vous savez, nous travaillons avec les meilleurs illustrateurs. Eh bien j'en connais plus d'un qui seraient très heureux et fiers de s'attaquer à votre Minou.

LYDIE BOULET - Ah bon?

JEAN-LOUP - Mais c'est évident... Ils vont se battre pour avoir l'honneur de le croquer, ce Minou.

LYDIE BOULET - À ce point-là?

Arnaud entre du couloir et déboule dans la chambre sans que Jean-Loup ne le voie.

JEAN-LOUP - Oh, ne soyez pas modeste… D'autre part, j'aimerais avoir votre sentiment sur l'idée d'un partenariat avec Kellog's. *(Elle le dévisage, impassible. Pendant ce temps, Arnaud est arrivé à côté de lui.)* Imaginez votre Minou, triomphant sur tous les paquets de corn flakes !

ARNAUD - Jean-Loup ! *(Jean-Loup sursaute ; à Lydie Boulet.)* Je suis navré de vous interrompre mais je dois parler à mon associé.

Jean-Loup ramasse la robe, le soutien-gorge et la culotte tandis qu'il parle.

JEAN-LOUP - Surtout ne te fais pas de film, nous discutons des termes de notre contrat. C'est Mlle Bouillon.

ARNAUD - Bouillon ?

LYDIE BOULET - Bouillon ?

JEAN-LOUP - Anne-Suzie Bouillon de Chazourne.

ARNAUD - Vous êtes Anne-Suzie Bouillon de Chazourne ?

LYDIE BOULET - Pas du tout. Je suis Lydie Boulet.

ARNAUD - Boulet ?

Arnaud se tourne lentement vers Jean-Loup lorsqu'il comprend ce qui est en train de se passer.

JEAN-LOUP - Arnaud, ce n'est pas du tout ce que tu crois… Nous étions en train de parler de la Collection Wouaf-Wouaf.

ARNAUD - Évidemment !

JEAN-LOUP - Anne-Suzie Bouillon de Chazourne est ici… prête à signer avec nous !

67

ARNAUD - Formidable. Eh bien, je te laisse t'occuper du cas de Mlle Bouillon, moi je m'occupe de celui de Mlle Boulet.

JEAN-LOUP - Arnaud, si tu arrives à la faire signer, notre avenir est assuré.

LYDIE BOULET - En tout cas, je ne vois pas beaucoup d'avenir pour moi ici ! Je me rhabille ! *(Elle se met debout sur le lit avec le drap devant elle.)*

JEAN-LOUP - Très bonne idée.

ARNAUD - Non !

MARIE-CATHERINE *(off)* - Jean-Loup !

LYDIE BOULET *(effrayée)* - Qui est-ce ?

ARNAUD *(également effrayé)* - Sa femme.

MARIE-CATHERINE *(sortant du bureau)* - Chéri ? *(Arnaud empaquette Lydie dans le drap et la pousse vers la salle de bains. Pendant ce temps Jean-Loup cache la robe et les sous-vêtements à l'intérieur de sa veste, entre dans le salon et ferme la porte derrière lui.)* Eh bien, qu'est-ce que tu comptes faire de cette pauvre femme et de son Minou ?

JEAN-LOUP *(paniqué)* - Je n'y ai pas touché !

Arnaud ressort de la salle de bains et court vers le salon.

MARIE-CATHERINE - Pardon ?

JEAN-LOUP *(réalisant)* - Oh, tu parles de Mlle Bouillon ?

Arnaud entre.

MARIE-CATHERINE - Ben, oui ! Je vais lui dire que tu es là, Arnaud. *(Elle file au bureau.)*

Jean-Loup - Qu'est-ce que tu as fait de Boulet ?

Arnaud - Elle attend dans la salle de bains.

Jean-Loup - Débarrasse-toi d'elle. Anne-Suzie Bouillon de Chazourne avant tout !

Arnaud - Mais pourquoi est-ce qu'elle a quitté son éditeur ?

Jean-Loup - Trop impliqué dans le sexe !

Arnaud - Oh, putain !

Jean-Loup - Alors s'il te plaît, tu vires Boulet.

Arnaud - Je vais plutôt virer Bouillon. Je vais la faire signer en deux temps, trois mouvements.

Jean-Loup - O.K. Descends prendre un contrat au bureau.

Arnaud - Au bureau. O.K.

Il sort. Jean-Loup se dirige vers la chambre.

Marie-Catherine *(off)* - Après vous, mademoiselle Bouillon.

La porte du bureau s'ouvre ; pour ne pas être vu, Jean-Loup va dans le bar et ferme la porte. Marie-Catherine et Mlle Bouillon sortent du bureau.

Mlle Bouillon - Ce qui est très difficile, voyez-vous, madame Lebreton, c'est de trouver une occupation entre deux saisons.

Marie-Catherine *(ouvrant la porte de la chambre)* - Arnaud ?

Alexandre entre par le couloir, ne voyant pas Mlle Bouillon.

Alexandre *(à Marie-Catherine)* - Bon, j'y vais, moi.

Marie-Catherine *(paniquée)* - Où tu vas ?

Alexandre - Je sors avec Elena.

MLLE BOUILLON - Vous sortez avec Elena ?

MARIE-CATHERINE *(à Mlle Bouillon)* - Il veut sortir Elena ; c'est notre femme de ménage. *(À Alexandre.)* Enfin, Jean-Loup ! Elena peut sortir toute seule, elle est grande maintenant ! *(À Mlle Bouillon.)* On l'a eue toute petite. *(À Alexandre.)* Et puis tu oublies que M. Courtois et toi devez rester ici signer avec Mlle Bouillon, et puis Mlle Bouillon pourra prendre son R.E.R. pour Livry-Gargan et nous vivrons heureux et nous aurons beaucoup d'enfants.

ALEXANDRE *(à Mlle Bouillon)* - Je vous laisse avec M. Courtois, vous verrez, il est très compétent !

MARIE-CATHERINE *(autoritaire)* - Chéri ! *(À Mlle Bouillon.)* Pardonnez Alexandre.

MLLE BOUILLON - Oui, bien sûr ! *(Puis, surprise.)* Alexandre ?

Marie-Catherine et Alexandre se regardent.

MARIE-CATHERINE - Oui ! Alexandre... C'est notre chien.

MLLE BOUILLON *(ravie)* - Vous ne m'aviez pas dit que vous en aviez un !

ALEXANDRE - Mon Dieu !

MLLE BOUILLON - Où est-il ? *(Elle se met à chercher.)* Alexandre, viens voir la Tata Suzette ! Viens mon chéri !

MARIE-CATHERINE - On ne va pas le déranger maintenant. Il est dans son panier... la truffe bouillante.

MLLE BOUILLON - Il a certainement des vers.

MARIE-CATHERINE - Oui, certainement. Il viendra peut-être plus tard. En attendant, puis-je vous offrir un verre ?

70

Mlle Bouillon - C'est contre mes habitudes. L'alcool, c'est comme le sexe, n'est-ce pas ? Ma grand-mère en est morte – de la boisson, bien sûr.

Marie-Catherine et Alexandre *(ensemble)* **-** Bien sûr !

Mlle Bouillon - Juste un petit verre, alors ! Pour célébrer nos accords ! Sans parler de la lune de miel !

Marie-Catherine - Sers-nous un verre, chéri.

Alexandre - Je crois que ça me fera du bien. *(Il va vers le bar.)*

Marie-Catherine - Qu'est-ce qui vous ferait plaisir ?

Mlle Bouillon - Qu'avez-vous à m'offrir, monsieur Lebreton ?

Alexandre ouvre la porte du bar et se trouve nez à nez avec Jean-Loup qui a enlevé sa veste et a mis une serviette en guise de tablier. Il fait de son mieux pour avoir l'air d'un valet de chambre.

Marie-Catherine - Qu'est-ce que vous faites là-dedans ?

Jean-Loup - Je me suis dit que Madame aurait certainement besoin de mes services.

Marie-Catherine - Je croyais vous avoir donné votre soirée.

Jean-Loup - Effectivement, Madame, mais j'avais des verres à essuyer.

Mlle Bouillon - C'est votre homme de maison ?

Marie-Catherine et Jean-Loup se regardent.

Marie-Catherine - Mais… absolument !

Jean-Loup *(à Mlle Bouillon)* **-** Bonsoir, Madame. *(À Marie-Catherine.)* Bonsoir, Madame. *(Il se met face à Alexandre, puis froidement.)* Bonsoir, Monsieur.

MARIE-CATHERINE *(à Alexandre)* - Qu'est-ce que tu veux boire, chéri ?

ALEXANDRE *(narguant Jean-Loup)* - Un Martini pour moi. Et toi, chérie ?

MARIE-CATHERINE - Un gin tonic s'il te plaît, chéri.

ALEXANDRE - Excellent choix, chérie. *(À Mlle Bouillon.)* Et vous, chérie ? *(Réaction de Mlle Bouillon.)* Je vous demande pardon, mademoiselle...

MLLE BOUILLON - ... Bouillon.

ALEXANDRE - ... Bouillon.

MLLE BOUILLON - Un sherry.

ALEXANDRE - Un sherry.

JEAN-LOUP - À votre service.

Jean-Loup retourne au bar avec une démarche guindée.

MLLE BOUILLON - Il a l'air très stylé.

ALEXANDRE - Un peu feignasse si vous voulez mon avis.

MARIE-CATHERINE - Surveille ton langage, chéri.

MLLE BOUILLON - Ne vous inquiétez pas pour moi, madame Lebreton, je comprends que votre mari soit irrité... Il a tellement hâte de vous remettre dans son lit !

Gros bruit de vaisselle cassée dans le bar.

MARIE-CATHERINE *(d'un air léger)* - Oups ! *(Jean-Loup ouvre la porte du bar.)* Quelque chose de cassé ?

JEAN-LOUP *(sortant sa tête, platement)* - Oh, ce n'est rien, Madame. Juste quelques verres. *(Il disparaît de nouveau, fermant la porte.)*

MLLE BOUILLON - En attendant M. Courtois…

MARIE-CATHERINE *(la coupant)* - Oui, je suis désolée, je ne sais pas où est passé Arnaud.

MLLE BOUILLON *(à Alexandre)* - Bien, en attendant, nous pourrions commencer à parler de mon contrat.

ALEXANDRE - Mais avec plaisir… Avant toute chose, mademoiselle Bouillon, quelle somme êtes-vous prête à nous verser pour avoir l'honneur d'être publiée par notre maison ?

MLLE BOUILLON - Je vous demande pardon ?

MARIE-CATHERINE *(gaiement)* - Ne sois pas désinvolte, chéri. *(À Mlle Bouillon.)* Mon mari a toujours un mal fou à garder son sérieux. *(Elle rit de manière excessive.)* Il est drôle, non ?

MLLE BOUILLON - Bof ! Je n'aime pas beaucoup plaisanter avec ces choses-là… Avant d'aller plus loin dans la question des droits d'auteur, autant que vous le sachiez : je n'ai jamais touché moins de dix pour cent.

ALEXANDRE - Chez nous ce sera cinq. En revanche, vous aurez droit aux tickets-restaurants !

MARIE-CATHERINE - Je crois qu'il vaudrait mieux attendre que Jean-Loup soit là.

MLLE BOUILLON *(montrant Alexandre)* - Il EST là.

MARIE-CATHERINE - Oh Jean-Loup, oui. Mais moi je parlais de Jean-Lou… is !

MLLE BOUILLON - Qui ?

MARIE-CATHERINE - Jean-Louis. Le valet de chambre.

MLLE BOUILLON *(à Alexandre)* - Et vous ne vous emmêlez pas les pinceaux ?

ALEXANDRE - Non… Mais ça pourrait venir !

MLLE BOUILLON - Je ne vois pas en quoi cette discussion regarde votre valet de chambre.

MARIE-CATHERINE - Détrompez-vous. Jean-Louis !

JEAN-LOUP *(apparaissant)* - Oui, Madame ?

MARIE-CATHERINE - Je vais finir le service. Je pense qu'il serait plus judicieux que vous vous occupassiez de Mlle Bouillon. *(Elle va dans le bar et ferme la porte.)*

JEAN-LOUP *(à Alexandre)* - Pourquoi ne pas attendre que votre associé M. Courtois soit de retour avec les contrats ?

ALEXANDRE - Mais non, ce n'est pas nécessaire.

JEAN-LOUP - Oh que si ! *(Puis souriant rapidement à Mlle Bouillon.)* Si je puis me permettre…

MLLE BOUILLON - Oui ?

JEAN-LOUP - Il se trouve que je sais précisément où se trouve le M. Courtois en question.

MLLE BOUILLON - Alléluia !

JEAN-LOUP - Il est juste descendu chercher les contrats au bureau.

À l'annonce de cette nouvelle, Marie-Catherine casse à son tour des verres dans le bar. Tout le monde se retourne tandis qu'elle apparaît.

MARIE-CATHERINE *(nerveuse)* - Pardonnez-moi… Juste quelques verres de cassés.

JEAN-LOUP *(s'oubliant)* - Fais attention, merde !

MLLE BOUILLON *(très choquée)* - Enfin, Jean-Louis !

JEAN-LOUP *(essayant de se rattraper)* - … si je puis me permettre !

MARIE-CATHERINE *(fermement)* - Allez chercher les verres.

Elle le pousse vers le bar, ferme la porte, puis court vert le téléphone.

MLLE BOUILLON - Un souci, madame Lebreton ?

MARIE-CATHERINE *(décrochant le téléphone et composant un numéro)* - Non, rien. *(À elle-même.)* Décroche ! Décroche !

Arnaud entre du couloir, ne s'attendant à voir personne d'autre que Jean-Loup.

ARNAUD - C'est dingue, le bureau est fermé à clé.

Marie-Catherine raccroche violemment le téléphone.

MARIE-CATHERINE - Arnaud ! Où étais-tu ?

ARNAUD - J'essayais d'entrer dans le bureau. Je ne comprends pas, c'est fermé de l'intérieur…

MARIE-CATHERINE - Bon, maintenant que tu es là, laisse-moi te présenter à Mlle Bouillon.

ARNAUD *(avec extase)* - Ma très chère mademoiselle Bouillon de Chazourne !

MLLE BOUILLON - L'insaisissable monsieur Courtois, je suppose ? Serais-je tombée sur un soir où vous êtes débordé ?

ARNAUD - C'est le mot. Mais à l'instant où j'ai su que vous étiez arrivée, j'ai tout laissé tomber.

MLLE BOUILLON - Merci.

MARIE-CATHERINE *(à Arnaud, montrant Alexandre)* - Et bien sûr, Jean-Loup est là.

ARNAUD - Oui, je sais, où est-il ?

ALEXANDRE *(pour l'aider)* - Salut, Arnaud, mon vieux.

ARNAUD *(sans comprendre)* - Salut.

ALEXANDRE - Tu ne t'attendais pas à me trouver ici en train de tout régler, n'est-ce pas ?

ARNAUD - Non, vraiment pas... *(Perdu.)* Sacré Alexandre !

MLLE BOUILLON - Il a des vers.

ARNAUD - Des vers ???

    Jean-Loup sort du bar.

JEAN-LOUP *(voyant Arnaud)* - Et Monsieur Courtois, que désire-t-il boire ?

ARNAUD - Quoi ?

MARIE-CATHERINE - Tu connais Jean-Louis, n'est-ce pas ?

ARNAUD - Quoi, Jean-Loup ?

JEAN-LOUP - Non, Monsieur, je vous demande pardon, Monsieur. Nous nous sommes déjà rencontrés, Monsieur, je suis JEAN-LOUIS. L'homme de maison.

ARNAUD - L'homme de maison ?

MARIE-CATHERINE - Le nouvel homme de maison.

ARNAUD - Le nouvel... ?

MLLE BOUILLON *(agacée)* - Homme de maison.

JEAN-LOUP - Vous êtes avec nous, Monsieur ?

MLLE BOUILLON - Eh bien, êtes-vous avec nous, monsieur ?

ARNAUD - Presque ! Et Alexandre a des vers ???

MLLE BOUILLON - Oui.

ARNAUD - Ça alors...

MARIE-CATHERINE - Ça n'a jamais été un CHIEN en bonne santé, tu sais, Arnaud.

ARNAUD - Ah, un CHIEN. Bien, bien sûr... Alexandre est un CHIEN, c'est évident... Rafraîchis-moi la mémoire... De quelle race de CHIEN est Alexandre ?

JEAN-LOUP - Oh, c'est un bâtard.

ALEXANDRE - Mais pas du tout. C'est...

Marie-Catherine et Alexandre, ensemble :

MARIE-CATHERINE - Un pitbull.

ALEXANDRE - Un chihuahua.

Marie-Catherine et Alexandre, ensemble :

MARIE-CATHERINE - Un chihuahua.

ALEXANDRE - Un pitbull.

MARIE-CATHERINE - Enfin... cinquante-cinquante !

JEAN-LOUP - C'est bien ce que dis, c'est un bâtard. Ceci dit, c'est très rare, les pit-huahua. Je crois que je vais prendre un whisky, moi.

ALEXANDRE - Enfin, Jean-Louis, pas pendant votre service.

Jean-Loup s'arrête en chemin et dévisage Alexandre.

MLLE BOUILLON - Je n'ai jamais vu de pit-huahua !

JEAN-LOUP - Comme je le disais à Madame, ils sont très rares.

MLLE BOUILLON - Je n'arrive pas à imaginer à quoi ça ressemble.

ALEXANDRE - Oh... Faites un effort !

JEAN-LOUP - Un pelage peau de vache avec une tête de hamster. *(À adapter en fonction de la morphologie du comédien qui joue Alexandre!)*

MARIE-CATHERINE - Je suis certaine que Mlle Bouillon préfèrerait que l'on s'occupe de son contrat!

MLLE BOUILLON - Très juste. Mes chiens doivent s'impatienter. *(À Alexandre.)* Je suis sûre que nous pouvons négocier sérieusement, en laissant de côté bons mots et calembours, n'est-ce pas monsieur Lebreton? *(Alexandre est perdu dans ses pensées.)* Monsieur Lebreton!

> Alexandre est totalement ailleurs; Marie-Catherine lui donne une tape sur le bras.

ALEXANDRE - Ah, c'est moi!... *(À Mlle Bouillon.)* Désolé, j'étais à des kilomètres.

MLLE BOUILLON *(vexée)* - Bravo.

JEAN-LOUP - Monsieur réfléchissait à la question des droits d'auteur, qui seront au taux de douze pour cent. Et à la longueur de l'accord que je suggère être initialement de trois ans.

MLLE BOUILLON *(à Marie-Catherine)* - Il se mêle de beaucoup de choses pour un valet de chambre.

ARNAUD *(en train d'écrire le contrat)* - Nous pouvons dès à présent signer cet accord, mademoiselle Bouillon, et nous ferons un contrat plus formel dès que possible.

MLLE BOUILLON - Entendu. Mon seul souci comme je le disais à Mme Lebreton... *(À Jean-Loup, qui scrute le contrat.)* Vous avez besoin de lunettes? *(À Arnaud.)* Comme je le disais à Mme Lebreton, il est impératif de préciser dans le contrat que votre société ne doit pas être impliquée dans quoi que ce soit d'immoral ou de sexuel.

Jean-Loup, Arnaud, Marie-Catherine et Alexandre *(ensemble)* **-** Bien sûr !

Mlle Bouillon *(regardant ses doigts)* **-** Oh zut, le stylo fuit. Puis-je utiliser votre salle de bains ?

Marie-Catherine - Oui.

Jean-Loup - Oui.

Arnaud - Non !

Jean-Loup - Non !

Mlle Bouillon *(surprise)* **-** Ah ?

Jean-Loup - Un décorateur est passé par là et c'est un vrai souk !

Alexandre - Cette salle de bains est divine, espèce de plouc !

Marie-Catherine - Mais oui, enfin... *(Pendant que Marie-Catherine parle, Jean-Loup lui chuchote discrètement qu'il y a une femme nue dans la salle de bains.)* Si Mlle Bouillon veut se servir de la salle de bains, il n'y a aucune raison qu'elle ne puisse pas le faire dans la mesure où elle est... NUE ??

Mlle Bouillon - Hein ??

Jean-Loup - Le décor est assez nu.

Mlle Bouillon - Tant mieux, j'adore la sobriété. C'est par là ?

Mlle Bouillon se dirige vers la porte de la chambre. Arnaud lui passe devant.

Arnaud - Prem's !

Il se jette vers la porte de la chambre, la claque au nez de Mlle Bouillon et va dans la salle de bains aussi vite que possible.

79

JEAN-LOUP - Mademoiselle peut si elle le souhaite utiliser le lavabo qui se trouve dans le bureau. *(Ouvrant la porte du bureau.)*

MLLE BOUILLON - Oui, mais enfin cela n'excuse pas le comportement cavalier de ce M. Courtois… qui décidément ne l'est guère.

JEAN-LOUP - Excusez-le. *(Bas.)* Incontinence…

MLLE BOUILLON - Si jeune… C'est triste !

Ils sortent dans le bureau.

ALEXANDRE - Qu'est-ce qu'il se passe ?

MARIE-CATHERINE - Je crois que Jean-Loup a enfermé une femme nue dans la salle de bains.

Cyrielle entre en courant.

CYRIELLE - Marie-Catherine, c'est vraiment la merde !

MARIE-CATHERINE - Quoi encore ?

CYRIELLE - On est constamment interrompus dans ce bureau. Serge est un vrai sac de nerfs, il n'est plus bon à rien ! Quand ce n'est pas le téléphone qui sonne, c'est un fou qui s'acharne sur la porte…

MARIE-CATHERINE - Ah, oui ! C'était Arnaud !

CYRIELLE - Arnaud ?

MARIE-CATHERINE - Tu n'as rien à craindre, il est avec Mlle Bouillon.

CYRIELLE - Mlle Bouillon, qui est-ce ?

MARIE-CATHERINE - Laisse tomber, de toute façon tu ne peux pas la rencontrer.

CYRIELLE - Pourquoi pas ?

Marie-Catherine - Parce que Jean-Loup est le valet de chambre, Alexandre est Jean-Loup et nous avons un pit-huahua dans son panier, alors s'il te plaît ne viens pas tout compliquer.

Cyrielle - Je n'ai pas compris un traître mot de ce que tu viens de dire.

Marie-Catherine - Moi non plus.

Alexandre *(à Marie-Catherine)* **-** Excusez-moi mais vous avez oublié de parler de la femme nue dans la salle de bains.

Marie-Catherine - Ah, oui, c'est vrai ! Où avais-je la tête ?

Cyrielle - Bon, où est Arnaud ?

Alexandre - Dans la salle de bains.

Cyrielle - Ben voyons.

Elle fonce dans la salle de bains suivie de Marie-Catherine et d'Alexandre qui ferme la porte de la chambre. Serge entre doucement en chuchotant :

Serge - Cyrielle ! Ma Cy-Cy !

Serge entend des voix dans la chambre mais en s'y dirigeant la porte du bureau s'ouvre. On entend Jean-Loup et Mlle Bouillon parler. Serge, apeuré, se précipite dans le bar et ferme la porte.

Marie-Catherine *(à Cyrielle, en la poussant vers le salon)* **-** Tout ce que tu dois savoir, c'est que Mlle Bouillon est dans le bureau et que tu ne DOIS pas la croiser.

Jean-Loup - Après vous, Mademoiselle.

Mlle Bouillon et Jean-Loup sortent du bureau tandis que Marie-Catherine et Cyrielle sortent de la chambre. Ils se retrouvent face à face et s'arrêtent.

MARIE-CATHERINE *(très fort et clairement à Cyrielle)* **-** C'est mademoiselle Bouillon – le fameux auteur – qui est en train de signer avec M. Lebreton et M. Courtois… et Alexandre est le pit-huahua.

Seul dans la chambre, Alexandre aboie, puis les rejoint dans le bureau.

CYRIELLE - Vous pouvez répéter la question ?

Cyrielle et Mlle Bouillon ont l'air perdu.

JEAN-LOUP *(encore plus fort)* **-** Et je suis l'homme de maison.

MLLE BOUILLON - Est-il nécessaire de crier ?

JEAN-LOUP - Oui ! Si je puis me permettre.

MARIE-CATHERINE *(à Cyrielle)* **-** Tu comprends maintenant ?

CYRIELLE - Euh…

JEAN-LOUP - Toi partir maintenant. Toi pas revenir. *(À Mlle Bouillon.)* Elle étrangère.

MLLE BOUILLON - Moi comprendre.

MARIE-CATHERINE *(à Mlle Bouillon)* **-** Elle Magdalena, notre femme de ménage.

JEAN-LOUP - Magdalena, pendant que patron… *(Il montre Alexandre.)*… discute avec grosse écrivaine… *(Il montre Mlle Bouillon.)*… allez dans cuisine tartiner gros tas de canapés.

CYRIELLE *(après un temps)* **-** Ja.

MARIE-CATHERINE - Quelle charmante idée, nous mourons tous de faim. Merci, Magdalena.

CYRIELLE - Auf wiedersehen !

MARIE-CATHERINE *(poussant Cyrielle vers le couloir)* - Je vais vous accompagner pour vous expliquer clairement ce que l'on attend de vous !

CYRIELLE - Oh ! Ja ! Nous allons à der cuisine.

MARIE-CATHERINE - Schnell, Magdalena, Schnell !

Elles sortent.

MLLE BOUILLON - Monsieur Lebreton, je me demande si le retard de votre lune de miel n'affecte pas votre femme.

ALEXANDRE - C'est possible.

MLLE BOUILLON - Au fait, où allez-vous passer votre voyage de noce ?

ALEXANDRE - Nous pensions faire ça à la maison.

MLLE BOUILLON - Ici ? Mais qu'est-ce que vous allez faire toute la journée ?

ALEXANDRE *(faussement gêné)* - Oh !... *(À Jean-Loup qui le regarde méchamment.)* Pardon...

MLLE BOUILLON - Vous devriez venir déjeuner un jour à Livry-Gargan. C'est magnifique. Je vous assure, ça vaut le déplacement !

ALEXANDRE - Livry-Gargan ! Rien que le nom, ça donne envie !

JEAN-LOUP *(s'oubliant)* - Je suis allé une fois à Livry-Gargan... Qu'est-ce que je me suis fait chier !

Arnaud sort à reculons de la salle de bains suivi de Lydie Boulet en colère. Le dialogue suivant est parlé alternativement dans chaque pièce :

MLLE BOUILLON - Monsieur Lebreton, serait-il possible de poursuivre dans la sérénité et le respect d'autrui ?

LYDIE BOULET *(à Arnaud, fort)* - Qu'est-ce que t'as fait de ma culotte, espèce de pervers ?

MLLE BOUILLON - Je suis désolée d'être aussi franche mais...

LYDIE BOULET - Je commence à me peler, c'est clair ? Alors ton pote et toi, vous êtes gentils, mais...

MLLE BOUILLON - ... votre valet de chambre est un malotru ! *(Regardant sa montre.)* Oh ! il est presque vingt et une heures ! Il est temps que...

LYDIE BOULET - ... je me tire ! Alors si j'ai pas récupéré ma culotte dans cinq minutes...

MLLE BOUILLON - ... je vous laisse ! Le dernier train pour Livry est à vingt et une heures trente-quatre. Si je le rate...

LYDIE BOULET - ... je hurle !

MLLE BOUILLON - ... c'est une catastrophe !

LYDIE BOULET - Rendez-moi ma culotte !

MLLE BOUILLON *(exaspérée, se rendant à peine compte de ce qu'elle dit)* - Mais rendez-lui sa culotte ! *(Arnaud pousse Lydie Boulet dans la salle de bains et va dans le salon en fermant la porte à clé.)* Ah, monsieur Courtois ! Ça va mieux ?

ARNAUD *(sans comprendre)* - Oui, oui.

MLLE BOUILLON - Tant mieux. Où sont les petites notes que vous avez jetées sur le papier ?

ARNAUD - Les voilà, mademoiselle Bouillon. *(Il prend la feuille de la table et lui donne.)*

MLLE BOUILLON - Merci. Je me réjouis de notre collaboration.

Tandis qu'elle lit, Arnaud prend Jean-Loup à part.

ARNAUD - Qu'est-ce que tu as fait de la culotte de Boulet?

JEAN-LOUP - Dans le bar.

ALEXANDRE - Pas de messe basse, Jean-Louis.

JEAN-LOUP - Je disais simplement qu'un verre s'impose pour une occasion si propice.

MLLE BOUILLON - Quelle bonne idée! Je n'ai jamais eu mon sherry…

JEAN-LOUP - Je pense que du champagne serait plus approprié.

MLLE BOUILLON - Oh oui! Champagne!

Jean-Loup ouvre le bar et tombe nez à nez avec Serge qui en sort, un peu éméché, un verre à la main.

SERGE *(à Jean-Loup)* - B'soir. *(À Alexandre.)* B'soir. *(À Mlle Bouillon.)* B'soir. *(À Arnaud.)* B'soir.

ARNAUD *(à Serge)* - Vous êtes nouveau ici, vous, non?

Marie-Catherine entre du couloir.

MARIE-CATHERINE - Chers amis, les canapés seront prêts dans… *(Elle voit Serge.)* Ahh! D'où venez-vous?

MLLE BOUILLON - Du bar. Évidemment!

MARIE-CATHERINE *(à Serge)* - Est-ce que vous vous êtes présenté?

SERGE - Euh? Non.

MARIE-CATHERINE *(soulagée)* - Parfait! Je vais donc pouvoir le faire : mademoiselle Bouillon.

SERGE - Bonsoir.

MARIE-CATHERINE - Jean-Louis, le valet de chambre.

SERGE - Bonsoir.

MARIE-CATHERINE - Et monsieur Arnaud Courtois.

SERGE - Bonne nuit.

JEAN-LOUP - Madame pourrait-elle nous présenter Monsieur ?

MARIE-CATHERINE - Certainement. Monsieur… Monsieur… est mon beau-frère.

> *Tout le monde digère cette nouvelle puis se tourne pour regarder Alexandre.*

ALEXANDRE *(allant embrasser Serge)* - Salut frérot !

SERGE - Bonsoir… euh… Alexandre.

JEAN-LOUP - Alexandre est dans son panier, Monsieur.

SERGE - Dans son panier ?

ARNAUD - Dans son panier.

MLLE BOUILLON - Depuis combien de temps êtes-vous là, monsieur… Monsieur ?

SERGE - Vinard.

ALEXANDRE *(rectifiant)* - Enzo !

MARIE-CATHERINE *(rectifiant à nouveau)* - Lebreton !

SERGE *(machinalement)* - Lebreton. *(Regardant alors Alexandre, ne comprenant pas.)* Lebreton ?

MARIE-CATHERINE - Il est resté enfermé là-dedans depuis le mariage. Peut-être a-t-il trop bu ?

SERGE - Quel mariage ?

MARIE-CATHERINE - C'est bien ce que je dis, il est ivre mort. *(À Serge.)* Vous ne vous souvenez pas, cher beau-frère? Mon mariage avec Jean-Loup. *(Montrant Alexandre.)*

SERGE *(de plus en plus perdu)* - Oh… ah… oui… CE mariage.

MLLE BOUILLON *(à Alexandre, bas)* - Monsieur Lebreton, votre frère n'a pas l'air très frais!

SERGE - Eh bien je crois que je vais y aller maintenant.

ALEXANDRE - C'est ça! File! Maman va s'inquiéter…

SERGE - Ciao.

MLLE BOUILLON - Dites, monsieur Lebreton…

JEAN-LOUP, SERGE et ALEXANDRE *(se tournant tous ensemble)* - Oui?

MLLE BOUILLON *(à Jean-Loup)* - Jean-Louis, cessez de fourrer votre nez partout. *(À Alexandre.)* Je parlais à votre frère, monsieur Lebreton.

ALEXANDRE - C'est toi, frérot.

SERGE - Oh. *(À Mlle Bouillon.)* Oui?

MLLE BOUILLON - Soyez gentil de ne pas partir avec le verre. Ils commencent à en manquer.

Il retourne vers le bar y déposer son verre tandis que Cyrielle entre, portant un petit tablier et un plateau de canapés.

CYRIELLE - Damen und Herren… *(Elle se retrouve debout à côté d'Arnaud qui a l'air déconcerté. Elle lui sourit d'un air confiant puis se tourne vers Mlle Bouillon tandis que Serge revient du bar.)* Ich bin hier mit die… *(Voyant Serge.)*… Sofas!

Le plateau vole dans les airs et tout le monde se met à ramasser les canapés.

MARIE-CATHERINE *(montrant Cyrielle et Serge)* **-** Oh, c'est vrai que vous ne vous connaissez pas. *(À Mlle Bouillon.)* Magdalena est très nerveuse quand elle voit un nouveau visage. *(Fort.)* Ne soyez pas timide Magdalena.

CYRIELLE - Je timide seulement quand je vois hommes étrangères.

ARNAUD - Mais qu'est-ce qui te prend de parler comme ça ?

CYRIELLE - Comment che parle ?

MARIE-CATHERINE - Enfin ! C'est Magdalena !

JEAN-LOUP - Notre bonne allemande de Kouglof-Strudel.

ARNAUD - Magdalena, la bonne ?

ALEXANDRE - Et c'est Serge…

JEAN-LOUP - Le beau-frère du bar.

CYRIELLE - Beau-frère ? Was ist das ?

MARIE-CATHERINE - Je vais vous dire was das ist. Das ist… *(Montrant Alexandre.)*… son frère… And after that… il est apparu… Très schnell !

CYRIELLE - Et partira encore plus schnell !

ARNAUD - Est-ce qu'on pourrait avoir un résumé ?

JEAN-LOUP - Bonne idée, Monsieur, commençons par le beau-frère.

ARNAUD - Commençons par le pit-huahua.

MLLE BOUILLON - Commençons par mon contrat ou je rentre chez moi.

Jean-Loup, Marie-Catherine et Arnaud *(ensemble)* - Non, s'il vous plaît !

Cyrielle - Je vais aller rincer les canapés. Gute nacht Fraulein Pouillon, und gute nacht Herr Gourdois.

Arnaud - Je suppose que vous savez ce que vous faites ?

Cyrielle - Ja. Je dans la cuisine fais. Y a-t-il quelque chose que je puisse prendre avec moi ?

Marie-Catherine *(regardant Serge)* - Oh ja ! Prenez mein peau-frère.

Cyrielle *(à Serge)* - Kommen sie hier pour aider moi au nettoiement.

Serge - Oui, bien sûr. Nettoiement ? *(Il va dans le couloir.)*

Marie-Catherine - Merci, Magdalena.

Cyrielle - Auf wiedersehen, tout le monde. *(Elle sort.)*

Mlle Bouillon - Bon... Tirons un trait, si vous le voulez bien, sur la bonne allemande, le valet de chambre vulgaire, la nuit de noces tristement interrompue, l'arrivée inattendue du beau-frère alcoolique... et recentrons nos énergies sur mon contrat !

Arnaud - Enfin une parole sensée ! Est-ce que tout vous satisfait ?

Mlle Bouillon - Oui, tout.

Arnaud - Merveilleux.

Marie-Catherine - Fantastique.

Jean-Loup - Génial ! Vous ne savez pas à quel point je suis heureux...

Mlle Bouillon jette un œil exaspéré à Jean-Loup.

ARNAUD - Vous êtes sûre que vous êtes entièrement satisfaite ?

MLLE BOUILLON - Oui, tout est parfait ! À part peut-être la clause de trois ans.

Lydie Boulet sort de la salle de bains, toujours enroulée dans son drap, et se dirige vers la porte de la chambre pour l'ouvrir. Jean-Loup l'entend et va vers la porte pour l'empêcher de sortir, ignorant que la porte est fermée à clé.

ARNAUD - Disons sept alors.

MLLE BOUILLON - Non, non, non… Je pensais plutôt à douze mois.

ARNAUD - C'est tout ?

MLLE BOUILLON - Pour commencer. Juste le temps que nous apprenions à nous connaître plus en profondeur.

ARNAUD - Je ne suis pas certain que douze mois…

Lydie Boulet perd patience et frappe trois fois à la porte. Alexandre, Marie-Catherine et Arnaud ne bougent plus. Mlle Bouillon se retourne à la recherche d'une explication en direction de Jean-Loup. Il sourit et tape du pied trois fois.

MLLE BOUILLON - Madame Lebreton, est-il vraiment indispensable que ce valet de chambre traîne toujours dans nos pattes ?

MARIE-CATHERINE - Oui, chère mademoiselle de Chazourne.

MLLE BOUILLON - Mais où l'avez-vous déniché ?

MARIE-CATHERINE - Chez Manpower.

MLLE BOUILLON - Eh bien le travail temporaire n'est plus ce qu'il était. Pouvons-nous s'il vous plaît continuer en espérant ne plus être interrompus ?

ARNAUD - Je le souhaite également.

Lydie Boulet frappe de nouveau à la porte et tout le monde regarde Jean-Loup… qui décide de faire une démonstration de flamenco.

JEAN-LOUP - Olé !

MLLE BOUILLON - Le Gipsy King, vous êtes sûrs qu'il vient de chez Manpower ?

Marie-Catherine et Alexandre font oui de la tête.

MLLE BOUILLON - Eh ben je l'y renverrais si j'étais vous.

ARNAUD - Bien, je vais changer à douze mois et nous pourrons alors parapher chaque clause.

Jean-Loup court vers le bar et prend la robe et les sous-vêtements de Lydie Boulet. Il va vers la porte de la chambre mais la trouve fermée.

JEAN-LOUP *(chuchotant à travers la porte)* - Tenez bon, je vais chercher la clé. *(Il va vers Arnaud.)*

ARNAUD *(à Mlle Bouillon, rectifiant la clause du contrat)* - Voici.

JEAN-LOUP *(bas, à Arnaud)* - La clé !

ARNAUD *(à Jean-Loup)* - Dégage. *(À Mlle Bouillon.)* Voilà. Je paraphe…

JEAN-LOUP *(bas, à Arnaud)* - La clé !

ARNAUD - Dégage !

JEAN-LOUP *(bas, à Arnaud)* - La clé !

MLLE BOUILLON *(à Jean-Loup, exaspérée)* - Dégagez !

ARNAUD - C'est à vous de parapher.

Tandis que Mlle Bouillon paraphe, Jean-Loup glisse sa main dans la poche de pantalon d'Arnaud, cherchant frénétiquement la clé. Ceci crispe Arnaud et lui rend très difficile la signature du contrat.

MLLE BOUILLON - Nous y voilà.

ARNAUD - Et enfin, mademoiselle Bouillon, notre dernière signature ici.

MLLE BOUILLON *(bas à Arnaud, remarquant sa dernière crispation)* - Qu'est-ce qu'il vous arrive, monsieur Courtois? Oh… Problème d'incontinence?

ARNAUD *(ne comprenant pas, embarrassé)* - Oui, oui, certainement.

MLLE BOUILLON - Tenez bon. *(Jean-Loup abandonne la recherche de la clé et se dirige vers la porte de la chambre. Il fait passer la robe et la culotte par les persiennes de la porte et Lydie Boulet les récupère de son côté.)* Chers amis, je crois qu'il est temps de déboucher le champagne. *(Lydie Boulet tient un bout du soutien-gorge et l'autre partie est enroulée autour du poignet de Jean-Loup. Lydie n'arrête pas de tirer, ce qui fait taper la main de Jean-Loup sur la porte. Au bout d'un moment Lydie tire violemment et parvient à récupérer le soutien-gorge, blessant Jean-Loup qui saute de douleur. Lydie va rapidement dans la salle de bains.)* Qu'est-ce qu'il lui arrive encore?

ARNAUD - Vilain pit-huahua!

MLLE BOUILLON *(se levant)* - Oh, laissez-moi voir Alexandre avant de partir! Alexandre, viens voir Tata Suzette!

Jean-Loup, Arnaud et Marie-Catherine la retiennent pendant que Jean-Loup paraphe rapidement tous les accords.

MARIE-CATHERINE - Non, chère mademoiselle Bouillon, vous pourriez rater votre R.E.R.

MLLE BOUILLON - Oh mon Dieu, ne me dites pas ça. Je vais vérifier que j'ai bien mon billet.

MARIE-CATHERINE - Puis-je vous aider ?

Pendant que Mlle Bouillon cherche dans son sac, Arnaud prend Jean-Loup à part.

ARNAUD - Tu es devenu cinglé ?

JEAN-LOUP - Qu'est-ce que t'as fait de la clé ?

ARNAUD - Tu ne pouvais pas la demander ? *(Il sort la clé de sa poche et ouvre la porte de la chambre.)*

MLLE BOUILLON *(retrouvant son billet)* **-** Le voici. Je vais pouvoir rentrer à Livry sereine. Quel soulagement pour moi de travailler avec une équipe aussi honnête et saine !

Elena entre.

ELENA - Je suis très désolée mais je suis venue vous dire que je peux pas continuer à rester dans appartement plein de mensonges, de trous de serrures et de gros dégueulasses ! *(Mlle Bouillon regarde autour d'elle à la recherche d'une explication mais n'en trouve pas.)* Est-ce que avant de partir, je peux parler cinq minutes avec Alexandre ?

MLLE BOUILLON - Il a des vers.

MARIE-CATHERINE - Attendez que sa truffe refroidisse.

ELENA *(à Alexandre)* **-** J'attends en bas. *(À Jean-Loup.)* Ma famille est respectable et je ne peux pas déshonorer eux en restant avec pervers. Adieu.

Elle sort.

MLLE BOUILLON - Excusez-moi d'être indiscrète, mais qui est cette jeune femme… et de quoi parlait-elle ?

Personne ne sait quoi répondre.

JEAN-LOUP - Mon Dieu ! Ma femme me quitte…

Il se laisse dramatiquement tomber sur le canapé pendant que Lydie Boulet sort comme une furie de la chambre en sous-vêtements, sa robe à la main. Elle traverse le salon et sort par le couloir. Mlle Bouillon est abasourdie.

MLLE BOUILLON - Et ça ? C'est quoi ?

ARNAUD - Ça… Ça, c'est la raison pour laquelle sa femme le quitte.

MLLE BOUILLON - Je me mêle peut-être de ce qui ne me regarde pas, Jean-Louis, mais votre femme a bien raison de vous quitter : vous êtes vraiment – pardonnez-moi l'expression – un gros dégueulasse ! *(À tous.)* Mes chers amis, avant de vous laisser, j'aimerais que vous sachiez à quel point j'ai apprécié ma soirée à vos côtés. Je ne m'étais pas autant amusée depuis… depuis…

MARIE-CATHERINE - Mais…

TOUS - Tout le plaisir est pour nous !

MLLE BOUILLON - Grâce à vous, mon Minou va faire des étincelles !

Elle sort. Soulagement général.

MARIE-CATHERINE - Yes !

JEAN-LOUP *(à Marie-Catherine)* - Et maintenant, dis-moi : qui était ce beau-frère ?

MARIE-CATHERINE - Je ne le connais pas.

JEAN-LOUP - C'est peut-être un peu facile…

MARIE-CATHERINE - Et qui était cette fille nue qui est sortie de la chambre ?

JEAN-LOUP - Jamais vue.

MARIE-CATHERINE - Ben voyons. Elle prenait un raccourci pour la rue Saint-Denis ?

ARNAUD - Pas du tout, elle est stagiaire au 118 218.

MARIE-CATHERINE - Je vois. Et… elle vous a bien renseignés ?

Cyrielle entre.

CYRIELLE - Marie-Cath…

ARNAUD - Cyrielle…

Tout le monde parle en même temps.

JEAN-LOUP *(en même temps)* - J'ai été fidèle pendant quinze ans, moi, et je me demande ce qui m'a retenu d'aller voir ailleurs !

ARNAUD *(en même temps)* - Cyrielle, il me semble que j'ai le droit de savoir pourquoi tu parlais allemand et pourquoi tu te faisais appeler Magdalena !

MARIE-CATHERINE *(en même temps)* - Le 118 218 renseigne à domicile, maintenant ? C'est bon à savoir ! Non mais tu te fous de moi, Jean-Loup ?

CYRIELLE *(en même temps)* - Ne me parle même pas, Arnaud Courtois, ça fait des années que je supporte tes infidélités sans piper !

Quand ils ont fini :

ALEXANDRE *(calme)* - Pour en revenir à la couleur des coussins…

JEAN-LOUP *(le coupant)* **-** Sortez !! *(Alexandre sort dans le bureau. Tous reprennent en même temps.)* C'est pourtant pas les occasions qui m'ont manqué !

ARNAUD *(en même temps)* **-** À ce propos, ton accent était ridicule !

MARIE-CATHERINE *(en même temps)* **-** J'aurais dû coucher avec Alexandre, j'ai été trop bête !

CYRIELLE *(en même temps)* **-** Sans parler de tes mensonges pathétiques !

Alexandre entre.

ALEXANDRE - Vous avez tout gagné ! Ils seront jaune pisseux.

Il sort dans le couloir.

JEAN-LOUP *(à Marie-Catherine)* **-** Pour la dernière fois, qui était ce beau-frère ?

CYRIELLE - Ce n'est pas ton problème, Jean-Loup !

JEAN-LOUP - Mon Dieu, je vais le tuer.

ARNAUD - Calme-toi, mon vieux, calme-toi.

JEAN-LOUP - C'est facile à dire !

ARNAUD - J'imagine que ça doit être terrible d'être cocu, mais tu dois réagir en gentleman. Allez, Cathie, dis-nous la vérité.

CYRIELLE - Marie-Cath n'a rien à voir avec Serge.

ARNAUD - Ah bon ?

CYRIELLE - Parfaitement. Serge est à moi.

ARNAUD - Tu vois, Jean-Loup, Marie-Cath n'a rien à voir avec… *(À Cyrielle.)* Serge est à toi ?! Tu veux dire que… ?

CYRIELLE - Tu m'as très bien comprise.

Arnaud - Mon Dieu, je vais le tuer!

Jean-Loup - Calme-toi, mon vieux, calme-toi.

Arnaud - C'est facile à dire!

Jean-Loup - J'imagine que ça doit être terrible d'être cocu, mais tu dois réagir en...

Arnaud *(le coupant)* - La ferme! *(À Cyrielle.)* Tu viens, on va s'expliquer à la maison!

Cyrielle - O.K.!

Arnaud - Tu veux dire que tu trouves ce ringard plus attirant que moi?

Cyrielle - Oh non! Juste plus disponible...

Ils sortent. Jean-Loup et Catherine se regardent un moment.

Marie-Catherine - Dis-moi... cette stagiaire... elle est venue jusqu'ici se déshabiller pour Arnaud?

Jean-Loup - C'est-à-dire que... elle est venue pour Arnaud... mais elle s'est déshabillée devant moi.

Marie-Catherine - Ah?

Jean-Loup - Oui, et j'ai été absolument...

Marie-Catherine - Quoi?

Jean-Loup - Horrifié.

Marie-Catherine rit et l'embrasse. Elena entre.

Elena - Excusez la dérange, Monsieur et Madame, mais après grosse discussion, Alexandre et moi réconciliés. Est-ce que nous pouvoir squatter bureaux rez-de-chaussée pour passer nuit câline

97

dans clic-clac? *(Jean-Loup lui donne les clés du bureau.)* Merci pour votre hospitalisation!

Elle sort.

JEAN-LOUP - Je me demande si nous ne sommes pas tous un peu surmenés.

MARIE-CATHERINE - C'est possible!

Il la prend dans ses bras et ils vont dans la chambre. Mlle Bouillon entre et ramasse sa sacoche oubliée sur le canapé. Elle est soudainement attirée par la vision du valet de chambre qui embrasse Mme Lebreton dans la chambre... Elle va, chancelante, jusqu'à la porte. Jean-Loup embrasse Marie-Catherine de plus belle lorsqu'il tombe sur le regard de Mlle Bouillon. Il se fige. Marie-Catherine se rend compte de la situation et sourit à Mlle Bouillon.

MARIE-CATHERINE - Ce sera tout pour ce soir, Jean-Louis. En vous remerciant.

FIN

AVIS IMPORTANT

Cette pièce de théâtre fait partie du répertoire de la Société des Auteurs et Compositeurs Dramatiques, 11 bis rue Ballu 75442 PARIS Cedex 09. Tél. : 01 40 23 44 44. Elle ne peut donc être jouée sans l'autorisation de cette société.

Nous conseillons d'en faire la demande avant de commencer les répétitions.

9 782844 227416